Heike Knophius

Speziell für Berufstätige
Italienische Trennkost

Neue Rezepte für Pasta & Co. nach der
Jahreszeiten-Trennkost von Dr. Hay

Südwest

Inhalt

Frische Zutaten sind das A und O der italienischen Küche.

Polenta-, Reis- und Pastagerichte 57

Primi piatti für alle Gelegenheiten: Farfalle mit Frühlingsgemuse, Polenta mit Mozzarella und Basilikum oder Risotto mit Steinpilzen

Fisch und Meeresfrüchte 71

Vielfalt aus dem Mittelmeer: von Sardinen mit Zitrone bis Garnelen mit Kapern

Fleisch

Vom Kalbsschnitzel in Tomatensauce über Rinderbraten mit Schalotten bis Lammragout mit Zucchini: Lebenskraft aus Italien

Geflügel

Mediterraner Hühnerschmaus: von der Hühnerbrust in Zitronensauce bis zum Brathuhn mit Kräutern

Kalte Saucen 103

Kalt erwischt: Sardellensauce, Basilikumsauce und Co.

Desserts 107

Dolce vita: Pfirsiche mit Mandelfüllung, Mascarponecreme und viele weitere Köstlichkeiten

Italienisch trennen nach Dr. Hay

Das konsequente Trennen bestimmter Nahrungsmittel wirkt sich positiv auf unser körperliches Wohlbefinden und unser Gewicht aus. Bestes Beispiel hierfür sind die Bewohner der Mittelmeerländer. Übergewicht und Herz-Kreislauf-Erkrankungen sind für sie zwar keine Fremdwörter, treten jedoch wesentlich seltener auf als bei uns. Das hängt damit zusammen, dass in den Mittelmeerländern klimabedingt schon seit Generationen so gegessen wird, wie es Dr. Hay empfiehlt. Die italienische Küche bietet eine Vielzahl von Gerichten, die den einzelnen Nahrungsmittelgruppen problemlos zugeordnet werden können.

Die Erkenntnisse des Dr. Hay

Der haysche Trennkostgedanke beruht auf der Theorie, dass unser Organismus Kohlenhydrate und Eiweiß nicht gleichzeitig verdauen kann. Diese Theorie wurde zwar später von Wissenschaftlern widerlegt, trotzdem bietet eine derartige Ernährungsweise viele Vorteile. Denn neben dem Trennen spielt auch die Wahl der Lebensmittel eine Rolle: Dr. Hay empfiehlt, Vollkornprodukte, Obst und Gemüse bevorzugt zu verzehren und den Verbrauch eiweißreicher Nahrungsmittel, wie beispielsweise Fleisch und Wurst, sowie die Zufuhr von Fett zu reduzieren. Darüber hinaus verbietet Dr. Hay den Verzehr von Süßigkeiten und anderen mit raffiniertem Zucker hergestellten Produkten.

Bei der Trennkost dürfen kohlenhydratreiche Nahrungsmittel nicht mit eiweißreichen Lebensmitteln kombiniert, sondern nur zusammen mit neutralen Nahrungsmitteln verzehrt werden.

Die Kriterien des Trennens

Fast alle Nahrungsmittel enthalten gleichzeitig Kohlenhydrate, Eiweiß und andere Nährstoffe – allerdings in jeweils unterschiedlichen Mengen. Dr. Hay hat daher Nahrungsmittel mit einem besonders hohen Anteil an Kohlenhydraten der Kohlenhydratgruppe zugeordnet. Lebensmittel mit einem hohen Anteil an Eiweiß ordnete er der Eiweißgruppe zu. Nahrungsmittel, die sich weder durch einen hohen Kohlenhydrat- noch durch einen hohen Eiweißanteil auszeichnen, stufte er als neutral ein. Zu ihnen zählen Gemüse, Salate, Pilze, Nüsse und Samen, aber auch Milchfrischprodukte und Käse ab einer bestimmten Fettgehaltsstufe.

Wer sich an die Empfehlungen von Dr. Hay hält, sorgt für einen ausgeglichenen Säure-Basen-Haushalt und ernährt sich vollwertig, sprich ballaststoff-, vitamin- und mineralstoffreich.

Das Säure-Basen-Gleichgewicht

Der übermäßige Verzehr von besonders eiweiß- und kohlenhydratreichen Nahrungsmitteln widerspricht laut Dr. Hay der biochemischen Zusammensetzung unserer Körpersäfte. 80 Prozent unseres Körpers bestehen aus so genannten Basen bildenden und 20 Prozent aus Säure bildenden Elementen. Dieses Verhältnis sollte sich auch in den einzelnen Mahlzeiten widerspiegeln, d. h., 80 Prozent Basenbildner sollten mit 20 Prozent Säurebildnern kombiniert werden.

▶ Zu den Basen bildenden Nahrungsmitteln zählen Früchte, Salate und frisches Gemüse.

▶ Zu den stärker Säure bildenden gehören Fleisch, Fisch und Käse.

▶ Schwächer Säure bilden Fett und raffinierte Öle.

▶ Wenig Säure bildend sind Vollkornprodukte.

▶ Weißmehl und Zucker hingegen sind in höchstem Grade Säure bildend. Daher sollte man sie möglichst meiden. Das Gleiche gilt auch für Kaffee und Alkohol.

Säuren und Basen in der Trennpraxis

Beim Zusammenstellen einer Eiweißmahlzeit sollte man mengenmäßig Produkte aus der neutralen Gruppe bevorzugen, also z. B. ein kleines Stück Fleisch mit einer großen Portion Gemüse oder Salat kombinieren. Anders verhält es sich bei den Nahrungsmitteln aus der Kohlenhydratgruppe. Die Portion Pasta mit Gemüse darf ruhig groß sein. Allerdings sollte man nur sparsam vollfetten Käse darüber streuen. Denn auch dieser bildet stärker Säure und ist recht kalorienhaltig.

Gewichtsverluste und Entsäuerung

Da unsere Nahrung einen zu hohen Anteil an Säure bildenden Produkten, speziell Zucker, enthält, findet durch die Umstellung der Ernährung ein Abbau des Säureüberschusses und damit eine Reinigung des Körpers statt. Durch eine gesündere Ernährungsweise mit mehr Basen bildenden Produkten, wie Vollkornbrot, Gemüse und Salat, sowie durch den Verzicht auf Zucker und auf zu viel Säure bildende Nahrungsmittel pendelt sich das Gewicht ein. Um Gewichtsverluste herbeizuführen, muss man also nicht zwingend konsequent trennen.

Wie lange sollte man trennen?

Wer erstmalig trennt, sollte die Prinzipien des Dr. Hay mindestens vier Wochen konsequent durchhalten. Denn so lange braucht der Stoffwechsel, bis er sich an die geänderte Ernährungssituation gewöhnt hat. Ein Säureüberschuss baut sich nicht von heute auf morgen ab. Wer bereits Erfahrungen mit der Trennkost hat, weiß, dass man immer wieder einsteigen kann, dass Abnehmerfolge in kurzer Zeit sichtbar werden und sich bald ein gesteigertes Wohlbefinden einstellt.

Nur wenn das Verhältnis von Basen und Säuren in der Nahrung stimmt, fühlt man sich wohl. Nicht selten ist ein Säureüberschuss Auslöser von Krankheiten und Übergewicht.

Nicht das Abnehmen sollte im Vordergrund stehen, sondern die bewusste Ernährung. Denn durch sie kann man sich vor ernährungsbedingten Krankheiten schützen und Übergewicht vorbeugen.

Italienisch trennen – aber wie?

Auch wenn Sie italienisch trennen, sollten Sie möglichst einheimisches Obst und Gemüse verwenden. Denn kurze Transportwege garantieren Frische und damit mehr Vitamine und Mineralstoffe.

Wer eine Vorliebe für die italienische Küche hat, kann von morgens bis abends italienische Gerichte, die den hayschen Trennkostregeln entsprechen, wie folgt in seinen Speiseplan einbauen.

Das Frühstück

Morgens sollte man seinen Frühstücksgewohnheiten entsprechend wahlweise neutral, also nur Früchte, eiweißreich, beispielsweise ein Eiergericht aus der Rubrik Eier- und Käsegerichte, oder kohlenhydratreich essen.

Die Mittagsmahlzeit

Dr. Hay empfiehlt, mittags eiweißreich zu essen. Solche Gerichte finden Sie unter den Rubriken Suppen, Salate, Gemüse, Fisch, Fleisch und Geflügel. Als Dessert bieten sich frische Früchte an. Denn laut den hayschen Trennkostregeln dürfen saure Früchte nur mit überwiegend eiweißreichen Nahrungsmitteln kombiniert werden.

Das Abendessen

Die Abendmahlzeit sollte man nicht zu spät einnehmen, um den Körper zu entlasten.

Abends sollte man eine kohlenhydratreiche Mahlzeit zu sich nehmen, also Pasta-, Reis- und Polentagerichte. Sie werden mit Gemüse und vollfettem Käse aus der neutralen Gruppe zubereitet.

Zwischendurch

Damit kein Heißhunger aufkommt, empfiehlt Dr. Hay, zwischendurch eine Kleinigkeit aus der neutralen Gruppe zu knabbern. Auch Früchte, die solo verzehrt werden, zählen in diesem Fall zur neutralen Gruppe. Kleine neutrale Snacks finden Sie in allen Rubriken. Prinzipiell gilt: Trinken Sie mindestens zwei Liter täglich.

Die zehn Grundregeln der Trennkost

Wen Sie sich nach den Regeln der Trennkost ernähren wollen, sollten Sie folgende Punkte beachten:

1. Orientieren Sie sich beim Zusammenstellen der Mahlzeiten auch am saisonalen Angebot. Denn heimische Produkte liefern zu jeder Jahreszeit speziell diejenigen Vitamine und Mineralstoffe, die wir tatsächlich benötigen.

2. Achten Sie darauf, dass die Nahrungsmittel möglichst naturbelassen und frisch sind.

3. Wählen Sie nährstoffschonende Garmethoden zur Zubereitung der warmen Mahlzeiten.

4. Kombinieren Sie nie kohlenhydrat- und eiweißreiche Lebensmittel miteinander.

5. Kombinieren Sie kohlenhydratreiche Nahrungsmittel immer nur mit neutralen Lebensmitteln.

6. Wählen Sie zu eiweißreichen Lebensmitteln nur neutrale Nahrungsmittel.

7. Stellen Sie für neutrale Mahlzeiten nur Produkte aus der neutralen Gruppe zusammen. Säuerliche Früchte, die zwischendurch allein verzehrt werden, zählen in diesem Fall ebenfalls zur neutralen Gruppe.

8. Trinken Sie täglich mindestens eineinhalb bis zwei Liter: je nach Jahreszeit kalten oder warmen Früchtetee, Mineralwasser und mit Wasser verdünnte ungesüßte Frucht- und Gemüsesäfte.

9. Schränken Sie den Konsum von schwarzem Tee und Kaffee ein.

10. Verzichten Sie möglichst auf Alkohol. Wenn überhaupt, sollten Sie zu kohlenhydratreichen Mahlzeiten Bier bzw. zu eiweißreichen Gerichten Wein trinken.

Beim Trennen geht es in erster Linie um eine Umstellung der Ernährungsgewohnheiten. Der positive Effekt einer solchen Umstellung auf unser Wohlbefinden stellt sich jedoch nicht von heute auf morgen ein.

Die italienische Küche

Dr. Hays Grundgedanke war, dass ein Organ für seine optimale Funktionstüchtigkeit gesunde Zellen benötigt, die nur durch eine richtige Ernährung aufgebaut werden können. Richtige Ernährung bedeutet: frische Zutaten bester Qualität aus der Region, die leicht, fettarm und würzig in kurzen Kochzeiten verarbeitet werden. Nicht anders lauten die Grundregeln der italienischen Küche. Sie verwendet kaum tierische Fette, sondern Olivenöl, salzt wenig, sondern bedient sich lieber der Vielfalt heimischer Gewürzkräuter wie Rosmarin, Salbei, Thymian, Oregano, Minze und Estragon, nicht zu vergessen Pfeffer und Knoblauch. Die Freude der Italiener an gutem Essen ist sprichwörtlich, ihre Liebe zu einheimischen Produkten ebenfalls, und daher gilt als Lieblingssatz: »Fresca, fatta in casa« (frisch und hausgemacht). Ihn sollten Sie bei Ihrer Trennkostzubereitung immer berücksichtigen.

Das Geheimnis der »Mittelmeerdiät«

Untersuchungen zufolge kommen ernährungsbedingte Krankheiten wie Herz-Kreislauf-Erkrankungen in den Mittelmeerländern sehr viel seltener vor als bei uns. Den Hauptgrund dafür sehen Wissenschaftler in den mediterranen Ernährungsgewohnheiten. Die so genannte Mittelmeerdiät besteht im Wesentlichen aus Brot, Pasta, Obst, Gemüse, Salat, Fisch und hellem Fleisch, speziell Geflügel. Diese Produkte enthalten reichlich Ballaststoffe und liefern viele wertvolle Vitamine und Mineralstoffe, die durch schonende Zubereitung, wie Grillen oder Dünsten, auch erhalten bleiben.

Salat, Gemüse und Obst

Sie gehören zu jedem Essen. Ein gemischter Salat als Vorspeise wird vor jeder Hauptmahlzeit serviert. Unter Salat versteht man in Italien nicht nur ein paar welke, lieblos angemachte Salatblätter, sondern eine Mischung aus frischem Blattsalat, Tomatenscheiben, Paprikastreifen und Fenchel. Olivenöl und Essig träufelt man bei Tisch nach Belieben selbst über die Zutaten. Außerdem werden Salate gerne mit Schinkenstreifen, Käsewürfeln, Eischeiben oder auch mit Thunfisch ergänzt und als leichtes Hauptgericht angeboten.

Frisches Gemüse ist ebenfalls Bestandteil vieler Gerichte, wobei die Betonung auf frisch liegt und außerdem bissfest gegart wird. Zu kleinen Portionen Fleisch oder Fisch wird immer üppig Gemüse serviert. Frisches Obst isst man zwischendurch als Durstlöscher, man denke nur an Wassermelonen, oder als leichtes Dessert nach dem Hauptgericht.

Brot und Pasta

Frisch gebackenes Brot steht bei jeder Mahlzeit auf dem Tisch. Meist wird es mit etwas Olivenöl beträufelt. Traditionell gibt es in Italien mehrmals in der Woche Pasta. Die klassischen Pastagerichte sind einfach, ohne viele Zutaten. Die Nudeln werden z. B. lediglich in Olivenöl geschwenkt und mit geriebenem Käse bestreut, mit einer Tomaten-Kräuter-Sauce oder einer Käsesauce serviert. Natürlich gibt es auch Kombinationen mit Fleisch oder Meeresfrüchten, dies sind dann jedoch eher regionale Spezialitäten.

Fisch und Fleisch

Da Italien von Wasser umgeben ist, sind Fischgerichte fester Bestandteil der italienischen Küche. Fisch wird in der Regel gegrillt serviert. Gehaltvolle Saucen, wie man sie bei uns kennt, gibt es hier nicht. Fleischgerichte findet man vor allem im Norden Italiens. Fleisch hat hier bei weitem jedoch

Italienische Spezialität: Kräutersuppe mit Fisch.

nicht die Bedeutung wie in unserer Küche. Außerdem bevorzugt man Geflügelfleisch und Kaninchen.

Olivenöl

Eine besondere Rolle kommt dem in Italien als Speisefett verwendeten Olivenöl zu. Es hat bekannterweise einen positiven Einfluss auf den Cholesterinspiegel, der – erhöht – als Mitverursacher von Herz-Kreislauf-Erkrankungen angesehen wird.

Wein

Entgegen der landläufigen Meinung wird in Italien wesentlich weniger Alkohol getrunken als beispielsweise im Norden Europas. Und wenn, dann wird zum Wein immer Wasser serviert.

Appetitanreger und Vorspeisen

Antipasti sind aus der italienischen Küche nicht wegzu-
denken. Auch für die Trennkost sind sie ideal – bei-
spielsweise als Appetitanreger, wenn Sie Gäste erwar-
ten, oder als leichte Zwischenmahlzeit. Dann sollten Sie
jedoch nach Dr. Hay nur neutrale Snacks wählen.

Die Gerichte in diesem Kapitel sind neutral *,*
eiweißreich **e** *,*
oder kohlenhydratreich **k** *.*

Im folgenden
Rezeptteil sind
neutrale
Gerichte mit
n gekenn-
zeichnet,
eiweißreiche
Gerichte mit
e und kohlen-
hydratreiche
Mahlzeiten
mit **k** .

n Zucchini-Tomaten-Carpaccio mit Käsecreme

Zutaten für 4 Personen
2 Zucchini · 4 reife, schnittfeste Tomaten · Olivenöl · Saft
von 1 Zitrone · Salz, Pfeffer · 100 g Blauschimmelkäse,
70 % Fett i. Tr. · 100 g Crème fraîche · 40 g geröstete Pinien-
kerne · einige Stängel Basilikum

1 Das Gemüse putzen, waschen, in dünne Scheiben schneiden. Abwechselnd fächerartig auf 4 Tellern anrichten.
2 Mit Olivenöl und Zitronensaft beträufeln. Dann mit wenig Salz und Pfeffer würzen.

3 Den Blauschimmelkäse mit einer Gabel zerdrücken und mit der Crème fraîche verrühren. Jeweils 1 Klecks davon in die Tellermitte geben. Mit den Pinienkernen bestreuen, mit Basilikum garnieren.

Gemüse mit Gorgonzolacreme

Zutaten für 2 Personen

*1 Staude Bleichsellerie · 2–3 Möhren · 100 g Gorgonzola mit
Mascarpone, 70 % Fett i. Tr. · 1 EL Sahne · Pfeffer aus der
Mühle · 1 EL gehackte Walnüsse*

1 Den Bleichsellerie putzen, in Stangen teilen und
waschen. Das zarte Grün
nicht entfernen.
2 Die Möhren putzen,
schälen und der Länge
nach vierteln.
3 Den Gorgonzola mit
einer Gabel zerdrücken.

Mit etwas Sahne cremig
rühren und mit Pfeffer abschmecken. Zuletzt die
Walnüsse unterrühren.
4 Die Gorgonzola-
creme in Schälchen
füllen und mit dem Ge-
müse auf 2 Tellern
anrichten.

Gemüsecarpaccio

Zutaten für 2 Personen

*2 feste, fleischige Tomaten, z. B. Eiertomaten · 2 Zucchini
1 Hand voll Rucola · Olivenöl · Balsamessig · jodiertes Salz,
Pfeffer aus der Mühle · 100 g gehobelter Parmesan,
32 % Fett i. Tr.*

1 Die Tomaten und die
Zucchini putzen, waschen
und in dünne Scheiben
schneiden. Den Rucola
kurz überbrausen und
trockenschütteln.
2 Das Gemüse und den
Rucola auf 2 Tellern

anrichten. Mit etwas
Olivenöl und Balsamessig
beträufeln. Dann mit
wenig Salz würzen und
mit Pfeffer übermahlen.
3 Zuletzt gleichmäßig
mit den Parmesanspänen
bestreuen.

Rohkost mit Olivendip

Zutaten für 2 Personen

500 g frisches, junges Gemüse, z. B. Bleichsellerie, Fenchel, Möhren, Paprikaschoten, Cimone (violetter Blumenkohl), Artischocken • 1 EL Zitronensaft • jodiertes Salz, Pfeffer aus der Mühle • Senf • 1 Knoblauchzehe • 2 EL Olivenöl entsteinte schwarze Oliven • 1 EL Kapern

1 Das Gemüse putzen, waschen und in mundgerechte Stücke schneiden. Artischocken von harten Außenblättern befreien. Die Stielenden und die Spitzen abschneiden. Dann in Zitronenwasser legen, damit sie sich nicht verfärben.
2 Den Zitronensaft mit Salz, Pfeffer und etwas Senf verrühren. Die Knoblauchzehe häuten und dazupressen. Dann das Olivenöl unterrühren.
3 Die Oliven und die Kapern fein hacken. Unter die Sauce rühren.
4 Den Olivendip in Schälchen gießen und mit dem Gemüse auf 2 Tellern anrichten.

Variante
Die Oliven und die Kapern können Sie auch durch fein gezupfte Kräuter, z. B. Rucola oder Basilikum, ersetzen.

Eingelegte Artischocken

Zutaten für 2 Personen

1 EL Zitronensaft • 2 EL Olivenöl • jodiertes Salz, Pfeffer aus der Mühle • fein gehackte Petersilie • 1 Knoblauchzehe 6 frische, ganz junge Artischockenherzen

1 Zitronensaft mit Öl, Salz, Pfeffer und Petersilie verrühren. Knoblauch schälen und dazupressen.
2 Artischockenherzen mit der Sauce übergießen, an einem kühlen Ort gut durchziehen lassen.

Artischocken stammen aus Nordafrika. In Europa wurden sie erstmalig im 16. Jahrhundert in Italien angebaut.

e Tomaten mit Mozzarella und Basilikum

Variante
Die Tomaten-
scheiben mit
dem Mozza-
rella in einer
feuerfesten
Form verteilen.
Mit Salz und
Pfeffer würzen
und über-
backen, bis der
Käse schmilzt.

Zutaten für 2 Personen
4 feste, fleischige Tomaten, z. B. Strauchtomaten
2 Büffelmozzarella à 125 g, 45 % Fett i. Tr. · Olivenöl
Balsamessig · jodiertes Salz, Pfeffer aus der Mühle
1 kleines Bund Basilikum oder Rucola

1 Tomaten waschen und in Scheiben schneiden. Den Mozzarella ebenfalls in Scheiben schneiden.
2 Die Tomatenscheiben zusammen mit dem Mozzarella auf 2 Tellern verteilen.

3 Tomaten- und Mozzarellascheiben mit Olivenöl und Balsamessig beträufeln. Mit Salz und Pfeffer würzen. Mit fein gezupften Basilikumblättchen oder Rucola bestreuen.

e Carpaccio mit Steinpilzen

Zutaten für 2 Personen
150 g Rinderfilet · 2 Steinpilze · Olivenöl · Zitronensaft
jodiertes Salz, Pfeffer aus der Mühle · 75 g gehobelter
Parmesan, 32 % Fett i. Tr.

1 Das Rinderfilet vom Metzger in hauchdünne Scheiben schneiden lassen.
2 Die Pilze mit Küchenkrepp säubern (wenn möglich nicht waschen) und in dünne Scheiben schneiden.

3 Das Gemüse und die Pilze auf 2 Tellern anrichten. Mit etwas Olivenöl und Zitronensaft beträufeln. Dann mit wenig Salz und Pfeffer würzen. Zuletzt mit den Parmesanspänen bestreuen.

e Kalbfleisch mit Thunfischsauce

Zutaten für 2 Personen

100 g Thunfisch aus der Dose (Abtropfgewicht) • 1 Sardellenfilet • 1 EL Zitronensaft • 100 y Mayonnaise • 1 EL Kapern 200 g Kalbsbraten in dünnen Scheiben

1 Den Thunfisch gut abtropfen lassen und zerpflücken. Mit dem Sardellenfilet und dem Zitronensaft mit dem Mixstab pürieren.
2 Die Mayonnaise hinzufügen und die Masse glatt rühren. Falls die Sauce zu dick ist, mit wenig Wasser oder Kapernflüssigkeit verdünnen.
3 Zuletzt die Kapern unter die Sauce rühren.
4 Die Fleischscheiben auf 2 Tellern verteilen und mit der Thunfischsauce gleichmäßig überziehen.

e Spargelcarpaccio

Zutaten für 2 Personen

500 g grüner Spargel • Olivenöl • Zitronensaft oder Sherryessig • 50 g Parmesan, 32 % Fett i. Tr.

1 Den Spargel bereits am Vorabend bissfest garen. Abkühlen lassen. Schräg in 2 bis 3 Zentimeter lange Stücke schneiden.
2 Mit Olivenöl, Zitronensaft oder Sherryessig beträufeln. Kühl stellen.
3 Den Parmesan hobeln und den Spargel damit bestreuen.

Olivenöl ist nicht gleich Olivenöl. Je nachdem, zu welchem Zeitpunkt die Oliven geerntet wurden, schmeckt es ganz unterschiedlich. Qualitativ besonders hochwertig sind Olivenöle aus Italien und Frankreich.

TIPP Dieses Gericht kann auch mit Hopfensprossen zubereitet werden. Verlesen und blanchieren Sie die Sprossen. Dann wie den Spargel mit Öl und Essig marinieren.

e Sardellen mit Minze

Pfefferminze findet man in Italien wild wachsend. Neben grünen gibt es auch violettfarbene Minzesorten.

Zutaten für 2 Personen

400 g frische Sardellen, ausgenommen · Olivenöl jodiertes Salz · 1 Bund Minze · 0,1 l trockener Weißwein

1 Die Sardellen waschen, trockentupfen und in eine feuerfeste, mit Öl ausgestrichene Auflaufform legen.
2 Mit wenig Salz würzen, Minzeblätter darüber streuen und den Wein zugießen.
3 Im auf 200 °C vorgeheizten Backofen 5 Minuten braten. Im Sud erkalten lassen.

Röstbrot mit Pilzen

Solche gerösteten Brote heißen in Italien Crostini. Man findet sie in vielen Variationen, die sich von Region zu Region unterscheiden. Typisch für die Toskana sind Crostini mit gewürzten weißen Bohnen.

Zutaten für 2 Personen

*200 g Zuchtpilze, z. B. Austernpilze oder Egerlinge
1 fein gehackte Schalotte · Butter · 1 EL trockener Weißwein
jodiertes Salz, Pfeffer aus der Mühle · 1/2 Bund glatte Petersilie · 2 Scheiben Bauernbrot · 2 Scheiben Fontina,
60 % Fett i. Tr.*

1 Die Pilze mit Küchenkrepp säubern und in Scheiben schneiden.
2 Die Schalottenwürfel in wenig erhitzter Butter anschwitzen. Die Pilze hinzufügen und den Wein zugießen. Die Pilze so lange schmoren lassen, bis die gesamte Flüssigkeit verdampft ist. Mit wenig Salz und Pfeffer würzen. Zuletzt die gehackten Petersilienblätter untermischen.
3 Die Brotscheiben mit dem Käse belegen. Im auf 200 °C vorgeheizten Backofen ca. 5 Minuten überbacken.
4 Die Pilze darauf verteilen und sofort servieren.

Röstbrot mit Tomaten und Basilikum

Zutaten für 2 Personen

2 Scheiben Bauernbrot · Olivenöl
2 feste, fleischige Tomaten, z. B. Eiertomaten
jodiertes Salz · 1/2 Bund Basilikum

1 Die Brotscheiben im Toaster goldbraun rösten. Dann mit etwas Olivenöl beträufeln.
2 Die Tomaten waschen und in Scheiben schnei-den. Auf dem Brot verteilen und mit wenig Salz würzen.
3 Zuletzt das fein gezupfte Basilikum darüber streuen.

Röstbrot mit Auberginencreme

Zutaten für 2 Personen

1 große Aubergine · Olivenöl · Zitronensaft
1 Knoblauchzehe · jodiertes Salz, Pfeffer aus der Mühle
1 kleine Paprikaschote · 2 Scheiben Bauernbrot

1 Die Auberginen grillen, bis die Haut schwarz wird. Dann abkühlen lassen und die Haut abziehen.
2 Das Auberginenfleisch mit Olivenöl, Zitronensaft und der fein gehackten Knoblauchzehe mit dem Mixstab pürieren. Mit wenig Salz und frischem Pfeffer abschmecken. Die Paprikaschote waschen, putzen, entkernen und fein würfeln. Dann die Paprikawürfel unter die Auberginencreme mischen.
3 Die Brotscheiben im Toaster goldbraun rösten und mit der Creme bestreichen.

Variante

Sie können die Tomaten auch häuten, entkernen und in feine Würfel schneiden. Dann mit Salz und fein gezupftem Basilikum würzen, abschmecken und auf den Brotscheiben verteilen. Nach Geschmack zusätzlich noch ein paar fein gehackte Oliven oder fein gehackten Knoblauch untermischen.

Suppen

Traditionell wird in Italien mittags lediglich ein Pasta-gericht gegessen. Abends geht es üppiger zu: Antipasti und Suppe werden als Vorspeise vor dem Hauptgericht gereicht. Im Rahmen der Trennkost nach Dr. Hay sollten Sie mittags nur eine eiweißreiche bzw. abends nur eine kohlenhydratreiche Suppe essen.

Die hier vorgestellten Suppen sind eiweißreich ⓔ *oder kohlenhydratreich* Ⓚ *.*

Kalte Gemüsesuppe

Zutaten für 4 Personen

1 Zwiebel · Olivenöl · je 100 g rote, gelbe und grüne Paprika-schoten in Würfeln · 100 g gewürfelte Tomate · 100 g gewür-felte Salatgurke · 2 EL Tomatenmark · 1/2 l Gemüsebrühe jodiertes Salz, Pfeffer aus der Mühle · 1 Knoblauchzehe Balsamicoessig · 8 Scheiben Vollkorntoast

1 Die Zwiebel würfeln und in erhitztem Öl an-dünsten. 2/3 der Gemüse-würfel und das Tomaten-mark hinzufügen und kurz dünsten lassen.

2 Mit der Gemüsebrühe auffüllen und 10 Minuten simmern lassen. Mit Salz und Pfeffer würzen. Den Knoblauch dazupressen.

3 Die Gemüsesuppe im Mixer pürieren, mit 2 bis 3 Esslöffeln Bal-samicoessig abschme-cken. Bis zum Essen kühl stellen. Die erkaltete Suppe mit den restlichen Gemüsewürfeln be-streuen und mit in Öl gerösteten Brotwürfeln servieren.

Tipp
Verfeinern Sie die Gemüse-suppe mit frisch gehack-ter Petersilie oder Basili-kum.

e Muschelsuppe

Zutaten für 2 Personen

1 kg Miesmuscheln · ein paar Stängel Bleichsellerie
1 kleine Fenchelknolle · 1 Zwiebel · 1 Knoblauchzehe
Olivenöl · jodiertes Salz, Pfeffer aus der Mühle
fein gehackte Petersilie · 0,1 l Weißwein

Als Faustregel gilt: Muscheln sollten nicht im Sommer gegessen werden, da sie zu leicht verderben. Merkregel: Kaufen Sie sie nur während der Monate, die ein »r« im Namen haben.

1 Die Muscheln unter fließendem Wasser gründlich waschen und die feinen Fäden (Bart) entfernen. Bereits geöffnete Muscheln aussortieren.
2 Das Gemüse putzen und waschen bzw. schälen. Den Bleichsellerie in kleine Scheiben, den Fenchel in feine Streifen und die Zwiebel in dünne Ringe schneiden. Den Knoblauch fein würfeln.
3 Zwiebel und Knoblauch in erhitztem Olivenöl kurz andünsten. Das übrige Gemüse hinzufügen und ca. 5 Minuten mitdünsten. Mit Salz, Pfeffer und fein gehackter Petersilie würzen.
4 Den Wein zugießen. Die Muscheln in den Gemüsesud geben. Zugedeckt bei geringer Hitze ca. 10 Minuten kochen lassen, dabei ab und zu den Topf rütteln.
5 Die Muscheln und das Gemüse mit einer Schaumkelle herausnehmen und auf 2 Tellern verteilen. Den Sud durch ein Sieb über die Muscheln gießen.

TIPP Die Muscheln sind gar, wenn sie sich geöffnet haben und ihr Fleisch gelborange ist. Ungeöffnete Muscheln sind nicht genießbar und gehören in den Abfall. Da Muscheln mit den Fingern gegessen werden, sollten Sie Fingerschälchen mit lauwarmem Wasser und Zitronen- oder Limonenscheiben mit auf den Tisch stellen.

e Fischsuppe

Zutaten für 2 Personen

500 g gemischtes Fischfilet, z. B. Goldbarsch, Heilbutt und Scholle • 1 Stange Lauch • ein paar Stängel Bleichsellerie 1 kleine Fenchelknolle • 2 Knoblauchzehen • Olivenöl 0,1 l Weißwein • 0,4 l Fischfond • Salz, Pfeffer aus der Mühle • Thymian • 2–3 Tomaten • 1 Tütchen Safran

1 Das Fischfilet in mundgerechte Stücke schneiden.
2 Das Gemüse putzen und waschen. Den Lauch in Ringe, die Bleichselleriestängel in kleine Scheiben und den Fenchel in feine Streifen schneiden. Das Fenchelgrün fein hacken. Die Knoblauchzehen abziehen und fein würfeln.
3 Das Gemüse in etwas Olivenöl andünsten. Den Knoblauch darüber streuen und kurz weiterdünsten.
4 Den Fisch hinzufügen und einige Minuten braten, dabei wenden.

5 Mit dem Wein ablöschen und den Fischfond zugießen. Dann mit Salz, Pfeffer und Thymianblättchen würzen. Bei geringer Hitze ca. 20 Minuten kochen lassen.
6 Die Tomaten waschen, halbieren und entkernen. In grobe Würfel schneiden. Nach der Hälfte der Garzeit zusammen mit dem Safran hinzufügen. Eventuell noch etwas Fischfond zugießen.
7 Die Fischsuppe mit Salz und Pfeffer abschmecken und heiß servieren.

Der in Italien häufig wild wachsend anzutreffende Fenchel schmeckt wesentlich intensiver als der bei uns erhältliche. Daher sollte man das aromatische Fenchelgrün möglichst mitverwenden.

Tipp Je nach Angebot können Sie die Fischfilets variieren. Da Seefische besonders viel Jod enthalten, sollten Sie nach Möglichkeit auch Filets von Seefischen verwenden, beispielsweise Meerbarbe, Schwertfisch, Seeteufel oder Seehecht.

e Eierkuchensuppe

Zutaten für 2 Personen

3 Eier · jodiertes Salz · 50 g Parmesan, 32 % Fett i. Tr.
ein paar Blätter Basilikum · Olivenöl · gut 1/2 l Fleisch- oder
Gemüsebrühe

Variante
Statt mit
Basilikum kön-
nen Sie die
Minestra di
frittata auch
mit Petersilie
und Majoran
zubereiten.

1 Die Eier mit etwas Salz, der Hälfte vom Parmesan und fein gezupften Basilikumblättchen verquirlen.
2 In etwas erhitztem Olivenöl in einer beschichteten Pfanne hauchdünne Eierkuchen backen.

Diese in feine Streifen schneiden.
3 Die Brühe erhitzen. Die Eierkuchenstreifen hinzufügen. Die Suppe 1 Minute kochen lassen. In 2 Tellern verteilen und den restlichen Parmesan darüber streuen.

e Hühnersuppe

Zutaten für 2 Personen

250 g Geflügelbrust ohne Haut und Knochen
1 paar Stängel Bleichsellerie · 1 kleine Fenchelknolle
3/4 l Hühnerbrühe · jodiertes Salz, Pfeffer aus der Mühle

1 Die Geflügelbrust waschen, mit Küchenkrepp trockentupfen und in feine Streifen schneiden.
2 Das Gemüse putzen und waschen. Den Bleichsellerie in kleine Scheiben, den Fenchel in feine Streifen schneiden. Das

zarte Fenchelgrün ganz fein hacken.
3 Die Brühe mit dem Gemüse und dem Fenchelgrün erhitzen. Mit wenig Salz und Pfeffer würzen.
4 Das Geflügelfleisch hinzufügen und ca. 20 Minuten darin garen.

Tomaten-Brot-Suppe

Zutaten für 2 Personen

300 g reife, aromatische Tomaten, z. B. Strauchtomaten
150 g altbackenes kräftiges Bauernbrot · 1 Knoblauchzehe
Olivenöl · 3/4 l kräftige Gemüsebrühe · ein paar Zweige
Basilikum · jodiertes Salz, Pfeffer aus der Mühle

1 Die Tomaten kurz in heißes Wasser tauchen. Dann häuten, halbieren, entkernen und in grobe Stücke schneiden.

2 Das Brot entrinden und in kleine Würfel schneiden. Den Knoblauch schälen und fein würfeln.

3 Den Knoblauch in erhitztem Olivenöl glasig dünsten. Das Brot hinzufügen und so lange rühren, bis das Öl aufgesogen ist.

4 Die Tomaten hinzufügen und ca. 5 Minuten schmoren lassen. Dann mit der heißen Brühe auffüllen. Die Basilikumzweige mit Küchengarn zusammenbinden und ebenfalls hinzufügen. Dann alles mit Salz und Pfeffer würzen.

5 Die Suppe ca. 20 Minuten kochen lassen, dabei ab und zu umrühren. Das Brot muss sich völlig auflösen. Zuletzt die Basilikumzweige herausfischen und die Suppe nochmals abschmecken.

6 Die Tomaten-Brot-Suppe auf 2 Teller verteilen und mit ein paar Tropfen Olivenöl beträufeln.

Suppe und Brot gehören in Italien einfach zusammen. Entweder ist Brot fester Bestandteil der Suppe oder es wird in Olivenöl mit Knoblauch geröstet und dazu gegessen.

TIPP Die Suppe können Sie an heißen Sommertagen wie eine spanische Gazpacho auch kalt servieren. Statt Basilikum können Sie zur Abwechslung Oregano oder Thymian verwenden. Sie können auch Pinienkerne im eigenen Fett in der Pfanne anrösten und darüber streuen.

Hauptsache, die Zutaten sind frisch: Dann wird die einfache Gemüsesuppe zur Köstlichkeit.

 k Gemüsesuppe mit Nudeln

Variieren Sie das Gemüse je nach Jahreszeit, verwenden Sie im Frühling z. B. Zuckerschoten, Blattspinat und Möhren, im Sommer Zucchini und Tomaten.

Zutaten für 2 Personen
100 g Vollkornfadennudeln · Olivenöl · 2 Stangen Lauch
ein paar schöne Wirsingblätter · 2 Möhren · 1 Zwiebel
1 Knoblauchzehe · 3/4 l Gemüsebrühe · jodiertes Salz,
Pfeffer aus der Mühle

1 Die Nudeln in reichlich Salzwasser mit etwas Olivenöl bissfest garen.
2 Das Gemüse putzen und waschen bzw. schälen.

Den Lauch in Ringe, die Wirsingblätter und die Möhren in feine Streifen schneiden. Die Zwiebel fein würfeln und den

Knoblauch möglichst fein hacken.

3 Die Zwiebel und den Knoblauch in erhitztem Olivenöl glasig dünsten. Das Gemüse hinzufügen und ca. 5 Minuten mitdünsten. Dann mit der Brühe auffüllen.

4 Bei geringer Hitze zugedeckt ca. 20 Minuten kochen lassen. Das Gemüse sollte noch Biss haben. Dann die Nudeln hinzufügen. Mit Salz und Pfeffer würzen und anschließend noch mal kurz erhitzen.

Gemüsesuppe mit Reis

Zutaten für 2 Personen

100 g Vollkornreis · 2 Stangen Bleichsellerie
1 kleine Fenchelknolle · 2 Möhren · 1 Zwiebel
1 Knoblauchzehe · Olivenöl · 3/4 l Gemüsebrühe
jodiertes Salz, Pfeffer aus der Mühle

1 Den Reis nach Vorschrift in reichlich Salzwasser bissfest garen.

2 Das Gemüse putzen und waschen bzw. schälen. Den Bleichsellerie in kleine Scheiben, den Fenchel und die Möhren in feine Streifen schneiden. Die Zwiebel fein würfeln. Das zarte Fenchelgrün und den Knoblauch fein hacken.

3 Die Zwiebel und den Knoblauch in erhitztem Olivenöl glasig dünsten. Das Gemüse hinzufügen und ca. 5 Minuten mitdünsten. Dann mit der Brühe auffüllen.

4 Bei geringer Hitze zugedeckt ca. 20 Minuten kochen lassen. Das Gemüse sollte auf alle Fälle noch Biss haben. Dann den Reis hinzufügen. Mit Salz, Pfeffer und dem Fenchelgrün würzen und noch einmal kurz erhitzen.

Gemüsesuppen gibt es in Italien in vielen Varianten. Je nach Region enthält die so genannte Minestrone neben den unterschiedlichsten Gemüsen Reis oder Nudeln, außerdem Leber, Kutteln oder polpettine, also Fleischbällchen.

Kartoffel-Lauch-Suppe

Zutaten für 2 Personen

*1 Stange Lauch • 1 Möhre • 250 g Kartoffeln • 1/4 Knollen-
sellerie • 1 Petersilienwurzel • etwas Butter • 3/8 l Gemüsebrühe • 2 EL Sahne • jodiertes Salz, Pfeffer aus der Mühle
einige Stängel Basilikum*

**Traditionell
werden Gemü-
sesuppen in
Italien immer
mit reichlich
frisch geriebe-
nem Parmesan
serviert. Dies
entspricht
jedoch nicht
den Trenn-
kostregeln.**

1 Das Gemüse putzen, waschen und schälen. Lauch und Möhre in Ringe schneiden. Die Kartoffeln und den Sellerie würfeln. Die Petersilienwurzel fein hacken.
2 Den Lauch in ein wenig Butter kurz dünsten, dann Möhren, Sellerie, Petersilienwurzel und die Kartoffeln hinzufügen.

3 Mit der Brühe übergießen und ca. 30 Minuten zugedeckt leise kochen lassen.
4 Die Suppe im Mixer pürieren. Die Sahne einrühren, dann noch einmal kurz erhitzen. Mit Salz und Pfeffer abschmecken.
5 Vor dem Essen mit etwas roher, gewürfelter Möhre und den Basilikumblättchen bestreuen.

TIPP Sollten Sie frischen Kerbel finden, ersetzen Sie das Basilikum durch 1 Bund Kerbel. Auch frischer Rucola, Petersilie oder Thymian passen gut zu dieser Suppe.

Blumenkohlsuppe

Zutaten für 2 Personen

*75 g Vollkornfadennudeln • Olivenöl • 1 Knoblauchzehe
1 Lorbeerblatt • 300 g Blumenkohlröschen • 3/4 l Gemüsebrühe • jodiertes Salz, Pfeffer aus der Mühle • fein gehackte
Petersilie*

1 Die Nudeln in reichlich Salzwasser mit etwas Olivenöl bissfest garen.
2 Den Knoblauch schälen. Zusammen mit dem Lorbeerblatt und den Blumenkohl-röschen in Olivenöl kurz dünsten.

3 Mit der Gemüsebrühe auffüllen und zugedeckt ca. 20 Minuten kochen. Dann die Nudeln hinzufügen. Mit Salz, Pfeffer und gehackter Petersilie würzen und noch einmal kurz erhitzen. Den Blumenkohl heiß servieren.

Reissuppe mit Gemüse

Zutaten für 2 Personen

100 g Vollkornreis • 200 g grüner Spargel • 200 g Zuckerschoten • 2 Frühlingskarotten • 1 Frühlingszwiebel • Olivenöl 3/4 l Gemüsebrühe • ein paar Blätter Salbei • jodiertes Salz, Pfeffer aus der Mühle • 1 Stück Butter

1 Den Reis in reichlich Salzwasser bissfest garen.
2 Das Gemüse putzen und waschen. Den Spargel frisch anschneiden und in 2 Zentimeter lange Stücke schneiden. Die Zuckerschoten je nach Größe halbieren oder dritteln. Die Karotten in Scheiben schneiden. Die Frühlingszwiebel in feine Ringe schneiden.
3 Die Frühlingszwiebel in erhitztem Olivenöl kurz

dünsten. Mit der Brühe auffüllen und zum Kochen bringen.
4 Das übrige Gemüse und die Salbeiblätter hinzufügen. Bei geringer Hitze zugedeckt ca. 15 Minuten kochen lassen.
5 Dann den Reis hinzufügen und kurz miterhitzen. Zuletzt mit Salz und Pfeffer würzen und die Reissuppe mit etwas Butter verfeinern.

Variante
Verwenden Sie anstelle von Naturreis zur Abwechslung Wildreis. Die Bezeichnung »Wildreis« ist eigentlich nicht richtig. Denn bei dieser »Reissorte« handelt es sich um den Samen eines blühenden Wassergrases, das in den Seen- und Flussgebieten Nordamerikas kultiviert wird. Wildreis ist sehr ergiebig und quillt beim Garen besonders stark auf. Daher sollte man zum Kochen drei Teile Wasser auf einen Teil Wildreis nehmen.

Salate

Wie in allen Mittelmeerländern isst man auch in Italien wenigstens einmal am Tag einen Sulul. Dies ist die gesündeste Art, frische Gemüse zu essen. Zum Anmachen, wie sollte es anders sein, wird in der Regel Olivenöl verwendet.

Die Salate sind neutral 🅝 oder eiweißreich 🅔 .

Blattsalat mit Kräuterdressing

Zutaten für 4 Personen
1/2 Kopf Eisbergsalat • 1 kleiner Kopf Radicchio
1/2 Kopf Friséesalat • 2 EL Rotweinessig • jodiertes Salz,
Pfeffer aus der Mühle • 1 Schalotte • 3–4 EL Olivenöl
Schnittlauch • Thymian • Zitronenmelisse

1 Die Salate putzen und in mundgerechte Stücke schneiden bzw. zupfen. Kurz waschen, trockenschleudern, miteinander in eine Schüssel geben.
2 Für das Dressing den Rotweinessig mit Salz und Pfeffer verrühren. Die Schalotte fein hacken und unterrühren.
3 Nach und nach das Olivenöl mit dem Schneebesen unterschlagen. Essig und Öl sollten sich cremig verbinden. Zuletzt die fein gehackten Kräuter dazugeben.

Tipp
Verwenden Sie für das Dressing frische Kräuter nach Lust und Laune. Kombinieren Sie z. B. Petersilie mit Majoran oder Estragon mit Basilikum.

Tipp Sie können das Dressing auf Vorrat zubereiten, indem Sie die angegebenen Mengen verdoppeln. Füllen Sie das Dressing in eine saubere, dicht schließende Flasche. Es hält sich im Kühlschrank bis zu 3 Wochen und sollte vor dem Verwenden kräftig geschüttelt werden.

 # Gemischter Salat

Zutaten für 2 Personen

200 g gemischte Blattsalate · 2 Möhren · 1 rote Paprika-
schote · 2 EL Olivenöl · 1 EL Rotwein- oder Balsamessig
jodiertes Salz, Pfeffer aus der Mühle

Den Salat können Sie als Vorspeise oder als Beilage beispielsweise zu Pasta, gegrilltem Fleisch oder Fisch essen.

1 Die Blattsalate waschen und in mundgerechte Stücke zupfen.
2 Die Möhren schälen und in dünne Scheiben schneiden. Die Paprikaschote waschen, halbieren, entkernen und in möglichst feine Streifen schneiden.
3 Das Öl mit Essig, Salz und Pfeffer verrühren und abschmecken.
4 Die Salate mit dem Gemüse mischen, mit der Vinaigrette anmachen.

Gemischter Salat mit Schinken und Ei

Zutaten für 2 Personen

200 g gemischte Blattsalate · 2 Tomaten · 1 grüne Paprika-
schote · 1 kleine Fenchelknolle · 100 g gekochter Schinken in
dünnen Scheiben · 2 hart gekochte Eier · 2 EL Olivenöl
1 EL Rotwein- oder Balsamessig · jodiertes Salz, Pfeffer aus
der Mühle

1 Die Blattsalate waschen und in mundgerechte Stücke zupfen. Das übrige Gemüse ebenfalls waschen.
2 Die Tomaten achteln. Die Paprikaschote halbieren, entkernen und in dickere Streifen schneiden. Diese dritteln oder vierteln. Die Fenchelknolle ebenfalls in Scheiben schneiden.
3 Den Schinken in feine Streifen schneiden, die

Eier pellen und in Scheiben schneiden.

4 Das Öl mit den übrigen Zutaten verrühren und kräftig abschmecken. Die Blattsalate und das Gemüse auf 2 Tellern verteilen. Mit der Vinaigrette beträufeln.

5 Die Schinkenstreifen darüber streuen und mit den Eischeiben garnieren.

Fenchelsalat

Zutaten für 2 Personen
2 kleine Fenchelknollen · 2 EL Olivenöl · 1 EL Zitronensaft
jodiertes Salz, Pfeffer aus der Mühle · gehackte Minze

1 Den Fenchel putzen, die äußeren Blätter entfernen und quer in dünne Scheiben hobeln. Das Fenchelgrün hacken. Die Fenchelscheiben auf 2 Tellern verteilen.

2 Das Öl mit Zitronensaft, Salz, Pfeffer und Minze verrühren und abschmecken. Den Fenchel damit beträufeln. Zuletzt mit dem Fenchelgrün bestreuen.

Tomatensalat

Zutaten für 2 Personen
4 feste, fleischige Tomaten, z.B. Strauchtomaten
2 EL Olivenöl · 1 EL Rotwein- oder Balsamessig · jodiertes Salz,
Pfeffer aus der Mühle · Basilikum

1 Die Tomaten waschen und in feine Scheiben schneiden. Auf 2 Tellern verteilen.

2 Das Öl mit den übrigen Zutaten verrühren und abschmecken. Die Tomaten damit beträufeln.

Variante
Zur Abwechslung können Sie für den Tomatensalat anstelle von Basilikum auch Rucola oder eine in feine Ringe geschnittene rote Zwiebel verwenden. Die Zwiebelringe nicht unter die Vinaigrette rühren, sondern auf den Tomatenscheiben gleichmäßig verteilen.

e Zucchinisalat mit Parmesan

Zutaten für 2 Personen
4 kleine Zucchini · Olivenöl · jodiertes Salz, Pfeffer aus der Mühle · Zitronensaft · 100 g Parmesan, 32 % Fett i. Tr.

1 Zucchini putzen, waschen, der Länge nach fächerförmig einschneiden. In Olivenöl 2 bis 3 Minuten braten, würzen, mit Zitronensaft beträufeln. Abkühlen lassen.
2 Die Zucchini auf 2 Tellern anrichten und Parmesan darüber hobeln.

e Thunfischsalat mit Kapern

Variante
Die Kapern können Sie auch gut durch schwarze oder grüne Oliven ersetzen und mit Achteln von Eiern anrichten.

Zutaten für 2 Personen
200 g gemischte Blattsalate · 1 rote Paprikaschote
ein paar Stängel Bleichsellerie · 2 Möhren
1 große Dose Thunfischfilets in Wasser · 2 EL Olivenöl
1 EL Rotweinessig · 2–3 zerdrückte Sardellenfilets
1 durchgepresste Knoblauchzehe · jodiertes Salz, Pfeffer
aus der Mühle · 1 EL Kapern

1 Blattsalate waschen, in Stücke zupfen. Das übrige Gemüse ebenfalls waschen bzw. schälen.
2 Die Paprikaschote halbieren, entkernen und in Streifen, Bleichsellerie und die Möhren in dünne Scheiben schneiden. Den Thunfisch abtropfen lassen und zerpflücken.
3 Öl, Essig, Sardellenfilets und Knoblauch verrühren, mit Salz und Pfeffer abschmecken.
4 Die Blattsalate und das Gemüse auf 2 Tellern anrichten. Den Thunfisch darauf verteilen, mit der Sardellenvinaigrette beträufeln und Kapern darüber streuen.

Tomaten-Fenchel-Salat mit Mozzarella

Zutaten für 2 Personen
2 feste, fleischige Tomaten • 2 kleine Fenchelknollen
1 Büffelmozzarella à 125 g, 45 % Fett i. Tr. • 2 EL Olivenöl
1 EL Balsamessig • Basilikum • jodiertes Salz, Pfeffer aus
der Mühle

1 Das Gemüse waschen. Die Tomaten in Scheiben schneiden. Den Fenchel quer in dünne Scheiben hobeln. Das zarte Fenchelgrün fein hacken.
2 Den Mozzarella in feine Würfel schneiden. Das Öl mit Essig, gehacktem Basilikum und Fenchelgrün vermischen, mit Salz und Pfeffer abschmecken.
3 Tomaten- und Fenchelscheiben sowie Mozarellawürfel auf 2 Tellern verteilen. Mit der Vinaigrette beträufeln.

 # Paprikasalat

Zutaten für 2 Personen
je 1 rote und grüne Paprikaschote • 2 EL Olivenöl • 1 EL Rotweinessig • 1 durchgepresste Knoblauchzehe • jodiertes Salz, Pfeffer aus der Mühle • ein paar schwarze Oliven

1 Die Paprikaschoten waschen, halbieren, entkernen und in feine Streifen schneiden. Die Paprikastreifen vermischen und auf 2 Tellern verteilen.
2 Das Öl mit den übrigen Zutaten, bis auf die Oliven, verrühren und abschmecken. Die Paprikastreifen damit beträufeln. Zuletzt Oliven darüber streuen.

Trotz der unterschiedlichen Farben stammen die Paprika in der Regel alle von einer Sorte ab. Die Farben sind Ausdruck des Reifestadiums der Paprikaschote.

Gemüse

Gemüse dominiert in der italienischen Küche. Kein Wunder, denn das Angebot an den unterschiedlichsten Gemüsesorten ist hier besonders groß. Für die Italiener ganz wichtig: Das Gemüse muss immer gartenfrisch verwendet werden.

Die folgenden Gemüsegerichte sind neutral , eiweißreich 🟥 *oder kohlenhydratreich* 🔴 *.*

Paprikagemüse

Zutaten für 2 Personen
2 große rote Paprikaschoten · 1 Zwiebel · Olivenöl · 1 Knoblauchzehe · 1/2 Glas Weißwein · 2 feste, fleischige Tomaten, z. B. Strauchtomaten · Oreganoblättchen · jodiertes Salz, Pfeffer aus der Mühle · Basilikum

1 Die Paprikaschoten waschen, putzen und in Streifen schneiden. Die Zwiebel schälen und fein würfeln.

2 Die Zwiebelwürfel in erhitztem Öl glasig dünsten. Den Knoblauch dazupressen. Den Paprika hinzufügen und ca. 10 Minuten dünsten.

3 Den Wein zugießen und einkochen lassen. Die Tomaten kurz in heißes Wasser tauchen, kalt abschrecken, häuten und grob zerkleinern.

4 Die Tomaten und ein paar Oreganoblättchen hinzufügen. Mit Salz und Pfeffer würzen. Das Paprikagemüse 15 Minuten weiter kochen lassen. Zuletzt fein gezupfte Basilikumblättchen unterrühren.

Rot werden Paprikaschoten, wenn man sie vollständig reifen lässt. Im Gegensatz zu den grünen schmecken rote Paprikaschoten leicht süßlich.

Bohnen mit Minzesauce

Bohnen in jeder Form sind typisch für die italienische Küche. Neben grünen Bohnen, den fagioli, werden besonders gerne dicke weiße Bohnen, die so genannten fave, verwendet.

Zutaten für 2 Personen

500 g zarte grüne Bohnen · 1/2 Bund glatte Petersilie
ein paar Zweige frische Minze · 1 Messerspitze scharfer Senf
4 EL Olivenöl · jodiertes Salz, Pfeffer aus der Mühle

1 Die Bohnen putzen und waschen. Dann in wenig Salzwasser bissfest garen und gut abtropfen lassen.
2 Die Kräuter waschen, trockenschütteln und die Blätter von den Stängeln zupfen. Mit den übrigen Zutaten mit dem Mixstab pürieren. Es sollte eine sämige grüne Sauce entstehen. Falls sie zu dick ist, 1 Schuss lauwarmes Wasser unterrühren.
3 Die Minzesauce abschmecken, unter die Bohnen mischen. Mit Minzeblättchen garnieren.

Spinatbällchen

Zutaten für 2 Personen

500 g Blattspinat · 1 Schalotte · 2 Knoblauchzehen
etwas Zitronensaft · 2 EL Olivenöl · jodiertes Salz,
Pfeffer aus der Mühle

1 Den Spinat verlesen, putzen und waschen. Tropfnass dünsten, bis er zusammenfällt. Mit kaltem Wasser überbrausen, abtropfen lassen, ausdrücken und fein hacken.
2 Die Schalotte und den Knoblauch schälen und fein würfeln. Mit Zitronensaft, Olivenöl, Salz und Pfeffer verrühren.
3 Etwas Sauce unter den Spinat mischen und die Masse zu kleinen Bällchen formen. Die restliche Sauce zu den Spinatbällchen servieren.

e Grüner Spargel mit Parmesanspänen

Zutaten für 2 Personen

1 kg grüner Spargel · Butter · 2 Eier · jodiertes Salz,
Pfeffer aus der Mühle · 50 g gehobelter Parmesan,
32 % Fett i. Tr.

1 Den Spargel frisch anschneiden. Dann die Stangen portionsweise zusammenbinden. In Salzwasser bissfest garen. Abtropfen lassen und auf 2 Tellern anrichten.
2 In einer beschichteten Pfanne in etwas erhitzter Butter aus den Eiern 2 Spiegeleier zubereiten. Mit wenig Salz und Pfeffer würzen.
3 Die Spiegeleier auf dem Spargel anrichten und vor dem Servieren mit den Parmesanspänen bestreuen.

Grünen Spargel gibt es auch als Wildspargel. Seine Stangen sind besonders dünn und in der Regel nur schnittlauchlang. Er schmeckt intensiver als der normale grüne Spargel.

Kürbisgemüse

Zutaten für 2 Personen

250 g Kürbisfleisch · 1 Knoblauchzehe · Olivenöl
1 kleines Lorbeerblatt · 1 EL Weinessig · jodiertes Salz

1 Das Kürbisfleisch würfeln. Den Knoblauch schälen und in Öl dünsten. Wieder herausfischen.
2 Die Kürbiswürfel mit dem Lorbeerblatt im Knoblauchöl rundum leicht anbräunen. Dann 5 Minuten dünsten.
3 Mit dem Essig beträufeln und etwas einkochen lassen. Zuletzt das Kürbisgemüse mit Salz würzen. Sie können den Weinessig durch 2 Esslöffel Orangensaft ersetzen, das Gemüse wird dadurch süßer.

Noch beliebter als Kürbisgemüse sind in Italien gefüllte Kürbisblüten, die fiori di zucca. Sie werden nach dem Füllen paniert und in Öl ausgebacken.

Paprikaschoten mit Thunfischfüllung

Zutaten für 2 Personen
2 gleich große, rote Paprikaschoten · 1 feste Tomate
ein paar Kapern · 100 g Thunfisch in Wasser aus der Dose
fein gehackte Petersilie und Minze · Olivenöl
jodiertes Salz, Pfeffer aus der Mühle

Tipp
Die Paprika-schoten eignen sich lauwarm oder kalt serviert gut als Vorspeise.

1 Die Paprikaschoten waschen, der Länge nach halbieren und die dicken Rippen und Kernchen entfernen. Die Tomate kurz in heißes Wasser tauchen, häuten und zusammen mit den Kapern fein hacken.
2 Den Thunfisch abtropfen lassen, mit einer Gabel zerpflücken mit 1 bis 2 Esslöffeln Öl, den gehackten Tomaten, den Kapern und den Kräutern vermischen. Mit Salz und Pfeffer abschmecken.
3 Die Thunfischmasse in die Paprikahälften füllen. Das Gemüse in eine leicht ausgeölte Auflaufform setzen. Im auf 180 °C vorgeheizten Backofen ca. 30 Minuten garen.

TIPP Sie können die Kapern wahlweise durch 3 gehackte Sardellenfilets oder durch 2 Esslöffel gehackte grüne Oliven ersetzen.

Grüner Spargel mit Basilikumvinaigrette

Zutaten für 2 Personen
1 kg grüner Spargel · Butter · 3 EL Olivenöl · 1 EL Balsamessig
jodiertes Salz, Pfeffer aus der Mühle · 1 Bund Basilikum
2 hart gekochte Eier

1 Den Spargel putzen, dann die Stangen portionsweise zusammenbinden. In Salzwasser mit etwas Butter bissfest garen. Abtropfen lassen und auf 2 Tellern anrichten.

2 Das Öl mit 1 Esslöffel Spargelwasser, dem Essig, Salz und Pfeffer verrühren und abschmecken. Anschließend das fein gezupfte Basilikum unterrühren. Den Spargel damit beträufeln.

3 Die Eier schälen und fein hacken. Den Spargel damit bestreuen.

Variante
Die hart gekochten Eier können Sie durch Krabben, geräucherten Lachs oder Parmaschinken ersetzen.

e Zuckerschotenauflauf

Zutaten für 2 Personen
250 g Zuckerschoten · 1 Schalotte · 1 Knoblauchzehe Olivenöl · 2 kleine Tomaten · 2 Eier · 1 gehäufter EL geriebener Parmesan, 32 % Fett i. Tr. · 2–3 EL Milch · jodiertes Salz, Pfeffer aus der Mühle · Basilikumblätter

1 Die Zuckerschoten putzen und waschen. Die Schalotte und den Knoblauch schälen und fein hacken. Beides zusammen in Öl andünsten. Die Zuckerschoten hinzufügen und kurz dünsten.

2 Die Tomaten kurz in heißes Wasser tauchen, häuten und zerkleinern. Mit etwas Wasser zu den Zuckerschoten geben und würzen. Zugedeckt ca. 15 Minuten kochen lassen.

3 Die Eier mit dem Parmesan, der Milch, Salz und Pfeffer verquirlen. Zuletzt fein gezupftes Basilikum unterrühren.

4 Die Zuckerschoten mit etwas Tomatensauce in 2 feuerfesten, leicht ausgeölten Auflaufförmchen verteilen. Gleichmäßig mit der Eiermilch begießen. Im auf 200 °C vorgeheizten Backofen überbacken, bis das Ei gestockt ist.

e Überbackener Fenchel mit Parmesan

Zutaten für 2 Personen

*4 kleine Fenchelknollen · jodiertes Salz · 1 EL Olivenöl
Zitronensaft · 1 halbierte Knoblauchzehe · Butter · Pfeffer
aus der Mühle · 75 g geriebener Parmesan, 32 % Fett i. Tr.*

1 Den Fenchel waschen, eventuell die äußeren Blätter entfernen, und vierteln. Die Fenchelviertel in wenig Salzwasser mit dem Öl, etwas Zitronensaft und dem Knoblauch ca. 15 Minuten garen. Herausnehmen und gut abtropfen lassen.

2 Jeweils etwas Butter in 2 Auflaufförmchen schmelzen lassen. Die Fenchelviertel darin wenden und mit Pfeffer würzen. Dann den Parmesan darüber streuen und unter dem vorgeheizten Grill anbräunen.

Frittierte Zwiebelringe

Viele Gemüse können Sie auch durch einen Vollkornausbackteig, der ohne Eiweiß zubereitet ist, ziehen, z. B. Zucchini, Lauch, vorgegarten Fenchel und Möhren.

Zutaten für 2 Personen

*1 große Gemüsezwiebel · 1 Eigelb · Milch · jodiertes Salz
Vollkornbrösel · Öl*

1 Die Zwiebel schälen, in nicht zu dünne Scheiben schneiden und diese in Ringe teilen.

2 Das Eigelb mit etwas Milch und Salz verquirlen. Die Zwiebelringe zuerst im verquirlten Ei, dann in Vollkornbröseln wenden. In erhitztem Öl goldgelb ausbacken, abtropfen lassen. Die Zwiebelringe eignen sich gut als Vorspeise. Zucchini und Blumenkohl lassen sich ebenso gut panieren.

Gefüllte Pilze auf Kartoffeln

Zutaten für 2 Personen
8 mittelgroße Steinpilze oder große Champignons
2 Knoblauchzehen · fein gehackte Petersilie
50 g Vollkornbrösel · Olivenöl · 1 kleines Eigelb
jodiertes Salz, Pfeffer aus der Mühle · 400 g Kartoffeln
Oregano · Thymian · Gemüsebrühe

1 Die Pilze putzen, nicht waschen, sondern Verschmutzungen mit Küchenkrepp säubern, Stiele herausdrehen und fein hacken. Den Knoblauch schälen und ebenfalls fein hacken.

2 Die Pilzstiele mit Knoblauch, Petersilie, Vollkornbröseln sowie etwas Olivenöl, dem Eigelb und den Gewürzen vermischen. Dann die Masse in die Pilzköpfe füllen.

3 Die Kartoffeln waschen, schälen und in Scheiben schneiden. In Salzwasser 5 Minuten blanchieren. Kalt abschrecken und gut abtropfen lassen.

4 Die Kartoffelscheiben in 2 leicht eingeölte Auflaufförmchen schichten.

5 Einige Oregano- oder Thymianblättchen dazwischen streuen. Die Pilze darauf setzen und mit etwas Gemüsebrühe beträufeln. Im auf 180 °C vorgeheizten Backofen ca. 30 Minuten backen. Verwenden Sie für dieses Gericht möglichst fest kochende Kartoffeln. Sie haben ein festes, kerniges Fleisch und behalten beim Kochen ihre Struktur bzw. werden beim Überbacken schön knusprig.

Variante
Wer mag, kann auf die Kartoffeln verzichten und stattdessen die Anzahl der Pilze und die für die Füllung benötigten Zutaten verdoppeln und nur gefüllte Pilze zubereiten. Die Pilze am besten nebeneinander in flache Auflaufförmchen setzen. Eventuell vor dem Überbacken mit etwas Olivenöl bestreichen.

TIPP Ersetzen Sie die Gemüsebrühe durch Weißwein und Olivenöl, wenn Sie eine Trennkostpause einlegen, und fügen Sie der Pilzfüllung frisch geriebenen Parmesan bei.

Gemüsezwiebeln mit Parmesan

Gemüse-zwiebeln schmecken wesentlich milder als die so genannten Küchen- oder Haushalts-zwiebeln. Ab und zu sind auch bei uns die in Italien beheimateten roten Gemüse-zwiebeln er-hältlich.

Zutaten für 2 Personen

*2 große Gemüsezwiebeln • 50 g geriebener Parmesan
1 Eigelb • 1 EL geschmeidige Butter • 1 fein gehackte Knoblauchzehe • fein gehackte Petersilie • jodiertes Salz,
Pfeffer aus der Mühle • Butter*

1 Die Zwiebeln schälen und in Alufolie wickeln. Im auf 180 °C vorgeheizten Backofen ca. 15 Minuten garen. Herausnehmen, auswickeln, abkühlen lassen.
2 Von den Zwiebeln einen Deckel abschneiden und das Zwiebelfleisch bis auf 2 Zwiebelhäute herauslösen. 1/3 anderweitig verwenden. Den Rest hacken, mit den übrigen Zutaten vermischen und abschmecken.
3 Die Masse in die Zwiebeln füllen. Das Gemüse in eine ausgebutterte Auflaufform setzen. Im auf 180 °C vorgeheizten Backofen 15 Minuten garen.

k Panierter Fenchel

Zutaten für 2 Personen

*4 kleine Fenchelknollen • 2 Eigelbe • Milch • jodiertes Salz,
Pfeffer aus der Mühle • Muskatnuss • Vollkornbrösel
Sonnenblumenöl*

1 Den Fenchel waschen, die äußeren Blätter entfernen und achteln. Die Fenchelachtel in wenig Salzwasser 10 Minuten garen. Herausnehmen und gut abtropfen lassen.
2 Die Eigelbe mit etwas Milch, Salz, Pfeffer und Muskatnuss verquirlen.

3 Fenchelachtel zuerst in verquirltem Ei, dann in Vollkornbröseln wenden. In erhitztem Öl goldgelb ausbacken. Auf Küchenkrepp abtropfen lassen.

Tomaten-Zucchini-Auflauf mit Käse und Brot

Zutaten für 2 Personen

4 feste, fleischige Tomaten, z. B. Strauchtomaten • 2 kleine Zucchini • 2 Scheiben Vollkorntoast • 1 Knoblauchzehe Olivenöl • 2 Scheiben Fontina, 60 % Fett i. Tr. jodiertes Salz, Pfeffer aus der Mühle • Oreganoblättchen 2 EL Vollkornbrösel

1 Die Tomaten häuten und in dünne Scheiben schneiden. Zucchini waschen und ebenfalls in Scheiben schneiden. Die Toastscheiben diagonal halbieren.

2 Eine Pfanne mit der Knoblauchzehe ausreiben. Die Toastscheiben darin in etwas Olivenöl auf beiden Seiten goldgelb rösten. Die Käsescheiben ebenfalls zu Dreiecken schneiden und den Toast damit belegen.

3 Die Tomaten-, Zucchini- und Brotscheiben abwechselnd in 2 leicht ausgeölte Auflaufförmchen schichten, dabei mit Salz, Pfeffer und Oreganoblättchen würzen. Mit Tomatenscheiben abschließen.

4 Je 1 Esslöffel Vollkornbrösel darüber streuen und mit etwas Olivenöl beträufeln. Die Förmchen mit Alufolie abdecken. Im auf 180 °C vorgeheizten Backofen ca. 20 Minuten überbacken. Nach ca. 10 Minuten die Folie entfernen. Probieren Sie statt Fontina einmal Scamorza, einen Büffelkäse aus Mittel- und Süditalien.

Variante

Sie können die Zucchinischeiben auch durch in feine Streifen geschnittene Paprikaschoten oder Paprikawürfelchen ersetzen. Dann zum Würzen abgezupfte Thymianblättchen oder Schnittlauchröllchen nehmen.

Eier- und Käsegerichte

Käse- und Eiergerichte bieten sich sowohl für Zwischenmahlzeiten als auch als Appetitanreger und Vorspeisen an. Gerichte mit ganzen Eiern sind nach den hayschen Trennkostregeln immer eiweißreich.

Diese Eier- und Käsegerichte sind neutral 🟢 *,*
eiweißreich 🔵 *, oder kohlenhydratreich* 🔴 *.*

Käse – formaggio

Italien hat eine vielfältige Tradition der Käseherstellung: Neben Parmigiano reggiano, dem König unter den Käsen, neben Gorgonzola, Mozzarella und Bel paese finden Sie auch verschiedene Büffelmilch-, Schafs- oder Ziegenkäse:

▶ Asiago ist ein strohgelber, halbfetter Käse aus Vollmilch. Jung eignet er sich als Tafelkäse zum Dessert, mittelalter Asiago wird auch gerieben verwendet.

▶ Bitto ist ein fettreicher, langsam reifender Kuhmilchkäse, mit Anteilen von Schafs- oder Ziegenmilch.

▶ Caciocavallo heißen die birnenförmigen Käse, die in Süditalien hergestellt werden: Um sein überaus mildes Aroma zu erreichen, wird der Caciocavallo in Salzlake eingelegt und zum Reifen und Räuchern aufgehängt.

▶ Mascarpone ist ein fetter Frischkäse aus Sahne, der mit Hilfe von Zitronensäure zum Gerinnen gebracht wird. Sie können ihn als Ersatz für Butter oder Sahne in Pastasaucen verwenden.

Grana padano ist ein halbfetter Vollmilchkäse, der nördlich des Po hergestellt wird und nach zwei Jahren Reifezeit ein delikates Aroma erreicht.

 Grüner Frischkäse

Zutaten für 2 Personen

1 Knoblauchzehe · 1 EL fein gehackte glatte Petersilie
1 EL fein gezupfte Basilikumblätter · 1 EL fein gezupfte
Bleichsellerieblättchen · 1 EL Olivenöl · etwas Zitronensaft
jodiertes Salz, Pfeffer aus der Mühle · 100 g Robiola
(Doppelrahmfrischkäse), 75 % Fett i. Tr.

Der Robiola ist eine Spezialität aus dem Piemont. Er schmeckt frisch, ist angenehm säuerlich und würzig mild. Eine Spezialität ist der Robiola del Becco aus Ziegenmilch.

1 Den Knoblauch schälen. Mit den Kräutern und den Bleichsellerieblättchen im Mörser oder mit dem Mixstab zu einer feinen Paste verarbeiten. Dann das Olivenöl und etwas Zitronensaft unterrühren. Die Paste mit Salz und Pfeffer würzen und abschmecken.
2 Die Paste mit dem Frischkäse verrühren, bis die Masse gleichmäßig grün ist. Kalt stellen und mit rotem Frischkäse (siehe unten) servieren.

Roter Frischkäse

Zutaten für 2 Personen

1/2 rote Paprikaschote · 1 Schalotte · 1 Prise Cayennepfeffer
edelsüßer Paprika · etwas Zitronensaft · 1 EL Olivenöl
jodiertes Salz · 100 g Robiola (Doppelrahmfrischkäse),
75 % Fett i. Tr.

1 Die Parikaschote mit dem Sparschäler schälen, entkernen und grob zerkleinern. Die Schalotte schälen und fein hacken. Zusammen mit den übrigen Zutaten, bis auf den Frischkäse, mit dem Stabmixer zu einer feinen Paste verarbeiten.
2 Die Paste mit dem Frischkäse verrühren, bis die Masse gleichmäßig rot ist. Kalt stellen.

Gorgonzolatorte

Zutaten für 2 Personen
100 g Gorgonzola, 48 % Fett i. Tr. • 100 g Mascarpone, 55 % Fett i. Tr. • Basilikumblätter

1 Eine kleine längliche Portionsform mit Rand mit Alufolie auskleiden. Den Gorgonzola cremig rühren und halbieren. Den Mascarone in 2 Portionen teilen.
2 Die Hälfte der Gorgonzolamasse in die Form füllen und glatt streichen. Mit Basilikumblättern bedecken. Dann die Hälfte des Mascarpone darauf verteilen und ebenfalls glatt streichen. Basilikumblätter darauf verteilen. So fortfahren. Mit Mascarpone und Basilikumblättern abschließen. Mindestens 2 Stunden kalt stellen.
3 Dann mit der Folie aus der Form heben und in Scheiben schneiden. Mit Weintrauben oder geviertelten Tomaten servieren.

Variante
Anstelle von Basilikumblättern können Sie auch Pistazienkerne oder grob gehackte Walnüsse nehmen.

Käseplatte

Zutaten für 2 Personen
je 100 g Gorgonzola, 48 % Fett i. Tr. • Fontina, 48 % Fett i. Tr. Taleggio, 48 % Fett i. Tr. • ein paar Kirschtomaten ein paar Stängel Bleichsellerie

1 Den Käse in größere Stücke schneiden.
2 Die Tomaten halbieren. Den Bleichsellerie waschen und putzen. Käse mit den Tomaten und den Bleichselleriestängeln auf einer Platte anrichten. Dazu reichen Sie bruschetta, geröstetes, mit Olivenöl und Knoblauch abgeriebenes Bauernbrot.

Beachten Sie, wenn Sie einen der angegebenen Käse ersetzen wollen, dass für neutrale Käseplatten nur Käse mit mehr als 45 % Fett i. Tr. verwendet werden darf.

Italienischer Käseteller

Käse in den
verschiedens-
ten Formen
wird in Italien
gerne als Des-
sert oder zu ei-
nem Glas Wein
serviert. Wird
Brot zu diesen
neutralen
Käsespeziali-
täten verzehrt,
zählen sie nach
Dr. Hay zu den
kohlen-
hydratreichen
Gerichten.

Zutaten für 2 Personen

100 g Toma, 50 % Fett i. Tr. • 100 g Gorgonzola, 48 % Fett i. Tr.
100 g Taleggio, 48 % Fett i. Tr. • 100 g Provolone, 48 % Fett i. Tr.
grüne und schwarze Oliven • eingelegte Pfefferschoten

Den Käse mit den Oliven und den Pfefferschoten auf einer Käseplatte anrichten.

Eierkuchen mit Kräutern

Zutaten für 2 Personen

3 Eier • jodiertes Salz, Pfeffer aus der Mühle • je 1 EL fein
gehackte Petersilie und Minze • 1 EL geriebener Parmesan,
32 % Fett i. Tr. • Olivenöl

1 Die Eier mit den Gewürzen, den Kräutern und dem Käse verschlagen.
2 Etwas Olivenöl in einer Pfanne erhitzen. Die Eiermasse hineingießen, bei geringer Hitze stocken lassen.
3 Sobald der Eierkuchen zu 3/4 durchgestockt ist, ihn mit Hilfe eines Tellers wenden und fertig braten.

Eierkuchen mit Spinat und Schinken

Zutaten für 2 Personen

100 g Blattspinat • 1 Knoblauchzehe • Olivenöl • 3 Eier
jodiertes Salz, Pfeffer aus der Mühle • 1 EL geriebener
Parmesan oder Pecorino, 32 % Fett i. Tr. • 4 dünne Scheiben
Parmaschinken

1 Den Spinat verlesen, putzen und waschen. Mit dem durchgepressten Knoblauch in etwas Olivenöl dünsten, bis er zusammenfällt.
2 Die Eier mit den Gewürzen und dem Käse leicht verschlagen.

Den Spinat und den Schinken sorgfältig unterrühren.
3 Etwas Olivenöl in einer Pfanne erhitzen. Die Eiermasse vorsichtig hineingießen und wie oben beschrieben stocken lassen.

e Eierkuchen mit Spargel

Zutaten für 2 Personen
ein paar bissfest gegarte grüne Spargelstangen · 3 Eier jodiertes Salz, Pfeffer aus der Mühle · 1 EL fein gehackte Petersilie · 1 EL geriebener Parmesan, 32 % Fett i. Tr. · Olivenöl

1 Den Spargel in kleine Stücke schneiden. Die Eier mit den Gewürzen, der Petersilie und dem Käse leicht verschlagen. Die Spargelstückchen unterrühren.

2 Etwas Olivenöl in einer Pfanne langsam erhitzen. Die Eiermasse vorsichtig hineingießen und wie oben beschrieben stocken lassen.

INFO In Italien heißen solche Eierkuchen Frittata. Man isst sie heiß, lauwarm und kalt. Mit den unterschiedlichsten Zutaten lassen sich immer wieder neue Eierkuchenvarianten zubereiten, z. B. Eierkuchen mit Mangold, Lauch und Sesam, Frittata mit jungen grünen Bohnen, Erbsen und Möhren oder mit Pilzen, Auberginen und Knoblauch. Auch Eierkuchen mit gedünsteten Gemüsezwiebeln und Oregano sollten Sie versuchen.

Variante **Zusätzlich dünn geschnittenen Parmaschinken oder in feine Scheiben geschnittenen geräucherten Lachs unter die Eiermasse mit dem Spargel rühren. Dies gibt dem Eierkuchen eine besondere Note.**

Eierkuchen mit Tomaten und Krabben

Variante
Die Krabben
durch kleine
Salamischeiben
ersetzen. Diese
jedoch nicht
mitdünsten,
sondern zuletzt
unter die Eier-
masse mit den
Tomatenwür-
felchen rühren.

Zutaten für 2 Personen

1 Tomate · 1 Knoblauchzehe · Olivenöl · 1 EL fein gehackte Petersilie · 1 EL fein gezupftes Basilikum · 100 g Krabben jodiertes Salz, Pfeffer aus der Mühle · 3 Eier

1 Die Tomate kurz in heißes Wasser tauchen, häuten, halbieren, entkernen und fein würfeln. Den Knoblauch schälen und fein hacken.
2 Den Knoblauch in etwas Olivenöl andünsten. Frische Kräuter und Krabben hinzufügen. Kurz miterhitzen.

3 Die Tomatenwürfelchen hinzufügen und mit Salz und Pfeffer würzen, ca. 5 Minuten dünsten.
4 Die Eier leicht verschlagen. Die Tomaten-Krabben-Mischung unterrühren. Etwas Öl in einer Pfanne erhitzen. Die Eiermasse hineingießen und stocken lassen.

Was den Franzosen ihre Quiche, ist den Italienern die Frittata. Die Variations-möglichkeiten sind unbegrenzt.

Eierkuchen mit Mozzarella und Basilikum

Zutaten für 2 Personen

*1/2 Kugel Mozzarella, 45 % Fett i. Tr. · 3 Eier · jodiertes Salz,
Pfeffer aus der Mühle · 1 EL fein gezupftes Basilikum
1 EL Parmesan, 32 % Fett i. Tr. · Olivenöl*

1 Den Mozzarella in feine Würfel schneiden. Die Eier mit den Gewürzen, dem Basilikum und dem Parmesan leicht verschlagen.
2 Etwas Olivenöl in einer Pfanne erhitzen. Die Eiermasse hineingießen und die Unterseite stocken lassen.
3 Den Mozzarella gleichmäßig über die Frittata streuen. Unter dem vorgeheizten Grill den Käse schmelzen lassen, bis der Eierkuchen fertig ist.

Tipp
Sie können Mozzarella auch auf einer Eierkuchenhälfte verteilen und die zweite darüberschlagen. Dann zugedeckt in der Pfanne fertig braten.

k Ausgebackener Mozzarella

Zutaten für 2 Personen

*4 Scheiben Vollkorntoast · 1 Kugel Mozzarella, 45 % Fett i. Tr.
Milch · 2 Eigelbe · Salz, Pfeffer · Vollkornbrösel · Öl*

1 Die Toastscheiben einmal diagonal halbieren. Den Mozzarella in Scheiben schneiden. Auf der Hälfte der Toastscheiben verteilen. Mit den restlichen Scheiben bedecken.
2 Die Sandwiches auf beiden Seiten mit Milch beträufeln. Die Eigelbe mit etwas Milch und den Gewürzen verquirlen.
3 Die Sandwiches gut zusammendrücken. Zuerst im verquirlten Eigelb, dann in Bröseln wenden. In erhitztem Öl goldgelb ausbacken. Auf Küchenkrepp abtropfen lassen.

In Italien findet man ausgebackenen Mozzarella unter der Bezeichnung »Mozzarella in carrozza« auf der Speisekarte. Statt Vollkorntoast verwendet man hier Weißbrot.

 Frittierte Käsewürfel

**Mozzarella ist
ein vollfetter
Weichkäse, der
in Salzlake ein-
gelegt wird. Er
ist in Kampa-
nien beheima-
tet und wird ur-
sprünglich nur
aus Büffelmilch
hergestellt.**

Zutaten für 2 Personen

*2 Kugeln Mozzarella à 125 g • 2 Eigelbe • Milch
Vollkornbrösel • jodiertes Salz, Pfeffer aus der Mühle • Öl*

1 Den Mozzarella in Würfel schneiden. Die Eigelbe mit etwas Milch verquirlen. Die Vollkornbrösel mit Salz und Pfeffer vermischen.
2 Die Mozzarellawürfel zuerst in verquirltem Ei-gelb, dann in Vollkornbröseln wenden. Diesen Vorgang wiederholen.
3 Die Käsewürfel in der Fritteuse in erhitztem Öl goldgelb ausbacken. Auf Küchenkrepp gut abtropfen lassen.

Gratinierter Ziegenkäse

Zutaten für 4 Personen

*4 kleine runde Ziegenkäse, 45 % Fett i. Tr. • Olivenöl
1 EL Sesamsamen • 2 EL Rotweinessig • jodiertes Salz, Pfeffer
aus der Mühle • 1 gehackte Schalotte • 3–4 EL Olivenöl
Schnittlauch • Thymian • 200 g gemischte Blattsalate,
z. B. Friséesalat, Radicchio, Chicorée, Chinakohl*

1 Die Ziegenkäse über Nacht in Olivenöl einlegen. Käse abtropfen lassen und mit Sesamsamen bestreuen. Im vorgeheizten Grill überbacken, bis der Käse leicht schmilzt.
2 Für das Dressing den Rotweinessig mit Salz,
Pfeffer und der Schalotte verrühren. Das Olivenöl unter den Essig schlagen. Zuletzt die fein gehackten Kräuter dazugeben.
3 Die Salate auf 4 Tellern verteilen. Dressing dar-über träufeln und Ziegenkäse darauf anrichten.

Ausgebackener Provolone

Zutaten für 2 Personen

150 g Provolone, 50 % Fett i. Tr. • 1 Knoblauchzehe • ein paar Thymianblättchen • ein paar Salbeiblatter • 2 EL Vollkornbrösel • 1 Eigelb • Milch • jodiertes Salz, Pfeffer aus der Mühle • Olivenöl

1 Den Käse halbieren. Knoblauchzehe schälen und mit den Kräutern fein hacken. Unter die Vollkornbrösel mischen.
2 Das Eigelb mit etwas Milch, Salz und Pfeffer verquirlen. Die Käsescheiben zuerst im verquirlten Eigelb, dann in den Kräuterbröseln wenden.
3 Das Öl in einer Pfanne erhitzen. Den Käse darin auf beiden Seiten goldgelb braten.

Der Provolone zählt zu den Hartkäsen und schmeckt je nach Reifegrad mild-würzig bis scharf. Er stammt aus Süditalien und wird aus Kuhmilch mit 45 Prozent Fettanteil bereitet. Teilweise wird Provolone auch aus Ziegenlab hergestellt.

Zucchiniauflauf

Zutaten für 2 Personen

500 g Zucchini • Olivenöl • jodiertes Salz, Pfeffer aus der Mühle • 100 g Taleggio, 48 % Fett i. Tr. • 2 Eigelbe • Milch Thymianblättchen

1 Die Zucchini waschen und in Scheiben schneiden. In erhitztem Öl ca. 10 Minuten dünsten. Mit Salz und Pfeffer würzen. Den Käse würfeln.
2 Die Zucchinischeiben in 2 leicht ausgeölte Auflaufförmchen schichten.
Die Eigelbe mit etwas Milch, den Gewürzen und Thymianblättchen verquirlen. Die Käsewürfelchen unterrühren.
3 In die Förmchen gießen und im auf 180 °C vorgeheizten Backofen 20 Minuten überbacken.

Polenta-, Reis- und Pastagerichte

Was wäre die italienische Küche ohne Pastagerichte? Die in Italien verwendeten Nudeln werden in der Regel aus Hartweizen ohne Eier hergestellt. Wer keine Vollkornnudeln mag, kann stattdessen getrost italienische Hartweizennudeln nehmen. Gerichte mit Maismehl (Polenta) und Reis sind traditioneller Bestandteil der italienischen Küche. Reis wird hier nicht als Beilage, sondern in Form von Risotto als Hauptgericht gegessen.

Alle diese Gerichte sind kohlenhydratreich .

Farfalle mit Frühlingsgemüse

Zutaten für 2 Personen
250 g grüner Spargel · 125 g Zuckerschoten · 2 Frühlingskarotten · 150 g Vollkornfarfalle (Schleifchennudeln) 200 g Sahne · jodiertes Salz, Pfeffer aus der Mühle

1 Das Gemüse putzen und waschen bzw. schälen. Den Spargel in 2 Zentimeter lange Stücke, die Karotten in Scheiben schneiden. Die Zuckerschoten halbieren oder dritteln. Dann das Gemüse separat in Salzwasser bissfest garen.

2 Die Schleifchennudeln bissfest garen. Dann abgießen und wieder zurück in den Topf geben.
3 Die Sahne zugießen und das Gemüse unterrühren. Kurz miterhitzen. Am Schluss kräftig mit Salz und Pfeffer abschmecken.

Variante
Anstelle von Sahne können Sie auch Crème fraîche oder Mascarpone verwenden. Das Gemüse am besten nach Jahreszeitenangebot variieren.

Spaghetti mit Tomatensauce

Pastagerichte werden in Italien auch gerne als Zwischengang vor Fleisch oder Fisch serviert. Dafür werden einfache Pastavarianten bevorzugt wie beispielsweise die Spaghetti mit Tomatensauce.

Zutaten für 2 Personen

5 reife, aromatische Tomaten, z. B. Strauchtomaten
2 Knoblauchzehen • Olivenöl • jodiertes Salz, Pfeffer aus der Mühle • ein paar schwarze Oliven • 150 g Vollkornspaghetti • Basilikum

1 Die Tomaten kurz in heißes Wasser tauchen, häuten, halbieren, eventuell entkernen, und grob würfeln. Den Knoblauch schälen und fein hacken.

2 Den Knoblauch in erhitztem Öl andünsten. Die Tomaten hinzufügen und 5 Minuten mitdünsten. Mit Salz und Pfeffer würzen. Dann die Oliven hinzufügen und kurz miterhitzen.

3 Die Spaghetti in reichlich Salzwasser nach Vorschrift bissfest garen. Die Tomatensauce abschmecken und fein gezupfte Basilikumblätter unterrühren.

Spaghetti mit Knoblauch und Öl

Zutaten für 2 Personen

150 g Vollkornspaghetti • 3 Knoblauchzehen • Olivenöl jodiertes Salz, Pfeffer aus der Mühle • fein gehackte Petersilie

1 Die Spaghetti in reichlich Salzwasser nach Vorschrift bissfest garen. Den Knoblauch schälen und fein hacken, anschließend in erhitztem Öl anbraten.

2 Die Spaghetti hinzufügen und mit dem Knoblauchöl vermischen. Mit Salz und Pfeffer würzen und abschmecken. Zuletzt mit reichlich fein gehackter Petersilie bestreuen.

Polenta mit Kräuterbutter

Zutaten für 2 Personen
3/4 l Gemüsebrühe • 150 g Maisgrieß • 50 g Butter • 1 kleine Knoblauchzehe • 1 EL gehackte Kräuter, z. B. Salbei, Thymian

1 Die Gemüsebrühe aufkochen und den Mais einrieseln lassen. 30 Minuten bei kleiner Hitze kochen lassen, dabei immer wieder umrühren.

2 Die Butter zerlassen. Die Knoblauchzehe dazupressen. Die Kräuter hinzufügen und die Polenta mit der Kräuterbutter beträufeln.

Tipp
Salbei und Thymian kann man durch Petersilie ersetzen.

Penne mit Paprikasauce

Zutaten für 2 Personen
je 1 rote und gelbe Paprikaschote • 2 reife, aromatische Tomaten, z. B. Eiertomaten • 2 Schalotten • Olivenöl jodiertes Salz, Pfeffer aus der Mühle • 150 g Vollkornpenne (geriffelte Röhrennudeln) • Basilikum

1 Die Paprikaschoten schälen, halbieren, entkernen und in Stücke schneiden. Die Tomaten kurz in heißes Wasser tauchen, häuten und grob hacken. Die Schalotten schälen und fein würfeln.
2 Die Schalotten in erhitztem Öl andünsten. Die Paprikastücke hinzufügen und 5 Minuten mitdünsten. Dann die Tomaten dazugeben. Alles mit Salz und Pfeffer würzen und 10 Minuten kochen lassen.
3 Die Penne in reichlich Salzwasser nach Vorschrift bissfest garen. Die Paprikasauce abschmecken und fein gezupfte Basilikumblätter unterrühren.

Frisch gemahlener Pfeffer aus der Mühle schmeckt wesentlich intensiver als bereits pulverisierter und sorgt für eine angenehme Schärfe.

Penne mit Gorgonzolasauce

Tipp
Die Nudeln am besten in eine vorgewärmte Schüssel geben, die Sauce darüber gießen und alles gut vermischen. Dann mit frischem Pfeffer übermahlen.

Zutaten für 2 Personen

100 g Gorgonzola, 48 % Fett i. Tr. • 100 g Sahne • Butter jodiertes Salz, Pfeffer aus der Mühle • 150 g Vollkornpenne (geriffelte Röhrennudeln) • Basilikum

1 Den Gorgonzola würfeln. Mit der Sahne und etwas Butter bei geringer Hitze schmelzen lassen. Eventuell etwas mehr Sahne hinzufügen. Mit Salz und Pfeffer würzen.

2 Die Penne in reichlich Salzwasser nach Vorschrift bissfest garen. Die Gorgonzolasauce abschmecken und fein gezupfte Basilikumblätter unterrühren.

Tagliatelle mit Blumenkohl und Brokkoli

Zutaten für 2 Personen

je 250 g Blumenkohl- und Brokkoliröschen • 150 g Vollkorntagliatelle (Bandnudeln) • Butter oder Olivenöl • jodiertes Salz, Pfeffer aus der Mühle • 2 EL Vollkornbrösel

1 Das Gemüse nacheinander in Salzwasser bissfest garen, mit dem Schaumlöffel herausnehmen. Die Bandnudeln im selben Salzwasser nach Vorschrift bissfest (»al dente«) garen.
2 Das Gemüse in zerlassener Butter oder in erhitztem Öl schwenken. Die Nudeln hinzufügen und kurz miterhitzen. Mit Salz und Pfeffer würzen und abschmecken.
3 Die Brösel in zerlassener Butter oder Olivenöl kurz rösten. Über die Gemüsenudeln streuen.

Polenta mit Fontina

Zutaten für 2 Personen

125 g Fontina, 48 % Fett i. Tr. • 3/4 l Gemüsebrühe
150 g Maisgrieß • Pfeffer aus der Mühle • Butter

1 Den Fontina in kleine Würfel schneiden. Die Gemüsebrühe aufkochen und unter Rühren den Mais einrieseln lassen.
2 Die Käsewürfelchen unterrühren. Den Mais-brei ca. 30 Minuten bei geringer Hitze kochen lassen, dabei ab und zu umrühren.
3 Die Polenta mit Pfeffer übermahlen und mit zerlassener Butter beträufeln.

Risotto mit Kürbis

Zutaten für 2 Personen

250 g Kürbisfleisch • 1 Zwiebel • Butter • 175 g Vollkornreis
gut 1/2 l Gemüsebrühe • 50 g geriebener Fontina,
48 % Fett i. Tr. • Pfeffer aus der Mühle • Muskat

1 Das Kürbisfleisch in Würfel schneiden. Die Zwiebel schälen, fein hacken und in erhitzter Butter andünsten. Den Kürbis hinzufügen und ca. 5 Minuten mitdünsten.
2 Den Reis hineinschütten und unter Rühren glasig werden lassen. Die Hälfte der Brühe zugießen und das Ganze zugedeckt ca. 30 Minuten garen.
3 Sobald keine Flüssigkeit mehr vorhanden ist, Brühe nachgießen. Der Reis sollte jedoch auf keinen Fall zerkochen.
4 Zuletzt ein paar Butterflöckchen und den geriebenen Käse unterrühren. Mit Salz, Pfeffer und etwas Muskat würzen.

Aus Mais werden in Italien in erster Linie Maismehl und Maisgrieß zubereitet. Beide werden für die unterschiedlichsten Polentas verwendet.

Spaghetti mit Auberginensauce

Zutaten für 2 Personen

*1 grüne Paprikaschote • 1 mittelgroße Aubergine
2 reife, aromatische Tomaten, z. B. Strauchtomaten
1 Knoblauchzehe • Olivenöl • 1 EL Kapern • ein paar
Oliven • jodiertes Salz, Pfeffer aus der Mühle
150 g Vollkornspaghetti • Basilikum*

Traditionell wird in Italien über Pasta-gerichte mit Gemüse reich-lich frisch geriebener Parmesan oder Pecorino gestreut. Dies entspricht jedoch nicht den Trenn-kostregeln nach Dr. Hay.

1 Das Gemüse putzen und waschen. Die Paprikaschote schälen, halbieren, entkernen und in Streifen schneiden. Die Aubergine würfeln. Die Tomaten kurz in heißes Wasser tauchen, häuten und zerkleinern.
2 Den Knoblauch schälen und fein hacken. In erhitztem Öl andünsten. Die Aubergine und die Tomaten hinzufügen und 10 Minuten mitdünsten. Dann die übrigen Zutaten dazugeben. Alles mit Salz und Pfeffer würzen.
3 Die Spaghetti in Salzwasser nach Vorschrift bissfest garen. Die Auberginensauce abschmecken und fein gezupfte Basilikumblätter unterrühren.

 # Spaghettini mit Pilzen

Zutaten für 2 Personen

*200 g Steinpilze • 1 Knoblauchzehe • Olivenöl • jodiertes
Salz, Pfeffer aus der Mühle • fein gehackte Petersilie
150 g Vollkornspaghettini*

1 Die Pilze mit Küchenkrepp säubern. Die Stiele frisch anschneiden.
2 Dann die Pilze in Scheibchen schneiden, den Knoblauch schälen

und fein hacken. In erhitztem Öl andünsten. Die Pilze hinzufügen und darin rösten. Mit Salz, Pfeffer und reichlich Petersilie würzen.

3 Die Spaghettini in Salzwasser nach Vorschrift bissfest garen. Unter die Steinpilze mischen und kurz miterhitzen. Mit Pfeffer übermahlen.

Vor allem die Wälder Mittelitaliens sind voller Pilze. Kein Wunder also, dass besonders in der Toskana und in Umbrien Gerichte mit Steinpilzen oder Maroni ein wichtiger Bestandteil der Regionalküche sind.

Penne mit dreierlei Käse

Tipp
Die Käse-
sorten können
Sie nach
Geschmack
variieren.
Eventuell eine
vierte Sorte
hinzufügen.

Zutaten für 2 Personen

je 50 g Fontina, 48 % Fett i. Tr., Taleggio, 48 % Fett i. Tr., und Bel Paese, 50 % Fett i. Tr. • 150 g Vollkornpenne (geriffelte Röhrennudeln) • jodiertes Salz, Pfeffer aus der Mühle • Butter

1 Den Käse in kleine Würfel schneiden. Die Penne in genügend Salzwasser nach Vorschrift bissfest (»al dente«) garen.
2 Penne und Käsewürfelchen in 2 ausgebutterten Auflaufförmchen verteilen. Butterflöckchen darauf setzen.

3 Im auf 180 °C vorgeheizten Backofen ca. 15 Minuten überbacken. Mit Pfeffer übermahlen. Für eine Käsesauce eignen sich am besten Käsesorten mit einer guten Schmelzeigenschaft wie beispielsweise Fontina und Gorgonzola.

Polentaschnitten mit Spinat

In Italien wer-
den aus kalter
Polenta vom
Vortag runde
Scheiben aus-
gestochen und
mit Käse, z. B.
Fontina oder
Taleggio, im
Backofen gold-
braun über-
backen.

Zutaten für 2 Personen

3/4 l Gemüsebrühe • 150 g Maisgrieß • 250 g Blattspinat 1 Schalotte • 1 Knoblauchzehe • Öl • jodiertes Salz, Pfeffer aus der Mühle • 100 g Fontina, 48 % Fett i. Tr.

1 Die Gemüsebrühe aufkochen und den Mais langsam unter Rühren einrieseln lassen. Etwa 30 Minuten bei kleiner Hitze kochen lassen, dabei immer wieder umrühren.

2 Anschließend den Maisgrieß in 2 Auflaufförmchen füllen und abkühlen lassen.
3 Den Spinat putzen, verlesen, waschen und abtropfen lassen. Die Schalotte und den Knoblauch

schälen und fein würfeln. Zusammen in erhitztem Öl andünsten.

4 Den Spinat hinzufügen und dünsten, bis er zusammenfällt. Dann mit Salz und frisch gemahlenem Pfeffer würzen, eventuell noch etwas Zitrone hinzufügen.

5 Den Spinat auf der Polenta verteilen. Den Käse würfeln und darüber streuen. Im auf 180 °C vorgeheizten Backofen ca. 15 Minuten backen.

TIPP Nach demselben Rezept können Sie Polenta e cavoli zubereiten, indem Sie einen Wirsing oder Weißkohl putzen, würfeln und in Butter glasig dünsten. Salzen, pfeffern, einkochen lassen, mit frischem Salbei würzen, auf der Polenta verteilen, mit Fontina überbacken.

Polenta mit Mozzarella und Basilikum

Zutaten für 2 Personen

3/4 l Gemüsebrühe • 150 g Maisgrieß • 1 Kugel Mozzarella, 45 % Fett i. Tr. • Pfeffer aus der Mühle • Basilikum

1 Die Gemüsebrühe aufkochen lassen und den Mais langsam unter Rühren einrieseln lassen. 30 Minuten kochen lassen, dabei ab und zu umrühren.

2 Die fertige Polenta in 2 Auflaufförmchen verteilen und glatt streichen.

3 Den Mozzarella in dünne Scheiben schneiden oder fein würfeln. Die Polenta damit belegen. Unter dem vorgeheizten Grill überbacken, bis der Käse schmilzt.

4 Zuletzt die Polenta mit Pfeffer übermahlen und fein gezupfte Basilikumblätter darüber streuen.

Variante
Zur Abwechslung die Polenta mit Tomaten- und Auberginenscheiben belegen und überbacken.

Polenta mit Lauchsauce

Das Grundrezept für Polenta, ca. 1 1/2 Liter Wasser, 2 Teelöffel Salz, 350 bis 400 Gramm Maismehl oder Maisgrieß, ist vielfältig abzuwandeln: Geben Sie frischen Rosmarin ins Kochwasser, oder verwenden Sie statt Wasser zu gleichen Teilen Milch und Fleischbrühe.

Zutaten für 2 Personen

3/4 l Gemüsebrühe · 150 g Maisgrieß · 1 Stange Lauch
Butter · jodiertes Salz, Pfeffer aus der Mühle
etwas Weißwein · Sahne

1 Gemüsebrühe aufkochen, Mais einrieseln lassen. 30 Minuten kochen lassen, dabei umrühren.
2 Den Lauch putzen, waschen und in feine Ringe schneiden. In erhitzter Butter glasig dünsten. Mit Salz und Pfeffer würzen.
3 Etwas Wein zugießen und einkochen lassen. Dann etwas Sahne unterrühren. Die Lauchsauce zur Polenta servieren.

 # Risotto mit Steinpilzen

Zutaten für 2 Personen

1 Schalotte · Öl · 175 g Vollkornreis · gut 1/2 l Gemüsebrühe
200 g Steinpilze oder Zuchtpilze · jodiertes Salz, Pfeffer aus
der Mühle · fein gehackte Petersilie

1 Die Schalotte schälen und fein hacken. In Öl andünsten. Den Reis hinzufügen und unter Rühren kurz mitdünsten. Die Hälfte der Gemüsebrühe zugießen und zugedeckt bei geringer Hitze ca. 30 Minuten garen.
2 Wenn die Flüssigkeit aufgesogen ist, Brühe nachgießen. Der Reis sollte jedoch nicht zerkochen.
3 Die Pilze säubern. Die Stiele frisch anschneiden. Die Pilze in nicht zu dünne Scheiben schneiden und in erhitztem Öl rösten. Mit Salz und Pfeffer würzen, reichlich Petersilie unter den Risotto mischen, kurz erhitzen.

Polenta mit Gorgonzolasauce

Zutaten für 2 Personen

3/4 l Gemüsebrühe · 150 g Maisgrieß · 150 g Gorgonzola, 45 % Fett i. Tr. · Pfeffer aus der Mühle

1 Die Gemüsebrühe aufkochen und den Maisgrieß einrieseln lassen. 30 Minuten bei kleiner Hitze kochen lassen, dabei immer wieder umrühren.

2 Den Käse in einem kleinen Töpfchen bei geringer Hitze schmelzen lassen. Mit Pfeffer würzen. Zur Polenta servieren.

Variante

Vor dem Servieren zusätzlich geriebenen Fontina, 48 % Fett i. Tr., oder fein gewürfelten Taleggio, 48 % Fett i. Tr., unter den Risotto rühren. Den Spinat können Sie auch durch Rucola ersetzen.

Risotto mit Spinat

Zutaten für 2 Personen

200 g Blattspinat · 1 Schalotte · Olivenöl · 1 Knoblauchzehe 175 g Vollkornreis · gut 1/2 l Gemüsebrühe · jodiertes Salz, Pfeffer aus der Mühle

1 Den Spinat verlesen, putzen und waschen. Die Schalotte schälen und fein hacken.
2 Die Schalotte in erhitztem Olivenöl andünsten. Den Knoblauch dazupressen. Spinat hinzufügen und dünsten, bis er zusammenfällt.
3 Den Reis hineinschütten und unter Rühren kurz mitdünsten. Dann

die Hälfte der Gemüsebrühe zugießen. Zugedeckt bei geringer Hitze ca. 30 Minuten garen.
4 Sobald der Reis die Flüssigkeit aufgesogen hat, nach und nach Gemüsebrühe dazugießen. Der Reis sollte aber auf keinen Fall zerkochen und matschig werden. Zuletzt mit Salz und Pfeffer abschmecken.

Der Reis für Risotto sollte al dente gekocht werden: Die Reiskörner sollten noch Biss haben.

Risotto mit grünen Erbsen

Die Garzeiten für Risotto variieren je nach verwendetem Reis zwischen 20 und 40 Minuten. Daher am besten auf die Packungsanweisung achten.

Zutaten für 2 Personen

1 Frühlingszwiebel · Butter · 150 g ausgepalte junge Erbsen 175 g Vollkornreis · gut 1/2 l Gemüsebrühe · jodiertes Salz, Pfeffer aus der Mühle

1 Die Frühlingszwiebel putzen, waschen und in feine Ringe schneiden. In erhitzter Butter kurz dünsten. Dann die Erbsen hinzufügen und etwas mitdünsten.
2 Den Reis hineinschütten und unter Rühren ebenfalls kurz mitdünsten. Anschließend die Hälfte der Gemüsebrühe zugießen. Zugedeckt bei geringer Hitze ca. 30 Minuten garen. Gelegentlich umrühren.
3 Sobald keine Flüssigkeit mehr vorhanden ist, Brühe nachgießen. Der Reis sollte auf keinen Fall zerkochen. Zuletzt kräftig abschmecken.

Risotto mit grünem Spargel

Wenn Käse unter einen Risotto gerührt wird, den Topf von der Herdplatte nehmen. Nach dem Unterrühren zugedeckt noch kurz ziehen lassen.

Zutaten für 2 Personen

500 g grüner Spargel · 1 Schalotte · Butter · 150 g Naturreis · Weißwein · 1/2 l Wasser · 50 g geriebener Fontina, 48 % Fett i. Tr. · jodiertes Salz, Pfeffer aus der Mühle

1 Den Spargel waschen. Die Stangen frisch anschneiden, dann in 2 Zentimeter lange Stücke schneiden. Die Schalotte schälen und fein hacken.
2 Die Schalotte in erhitzter Butter andünsten. Den Reis hinzufügen und unter Rühren kurz mitbraten. Mit 1 Schuss Wein ablöschen.

3 Die Spargelstücke hinzufügen – die Spargelspitzen erst 10 Minuten später –, dann die Hälfte des Wassers zugießen. Zugedeckt bei geringer Hitze ca. 30 Minuten garen. Die Flüssigkeit sollte nicht mehr kochen.

4 Sobald keine Flüssigkeit mehr vorhanden ist, Wasser nachgießen. Der Reis sollte jedoch auf keinen Fall zerkochen.

5 Zuletzt ein paar Butterflöckchen und den Käse unterrühren. Mit Salz und Pfeffer würzen.

Variante
Verwenden Sie zur Abwechslung Wildreis oder italienischen Vialone, Arborio, Cavnaroli.

Gemüserisotto

Zutaten für 2 Personen
1 Möhre • 1 Stange Bleichsellerie • 1 Stange Lauch • Olivenöl
175 g Vollkornreis • gut 1/2 l Gemüsebrühe • jodiertes Salz,
Pfeffer aus der Mühle • fein gehackte Petersilie

1 Das Gemüse putzen und waschen bzw. schälen. Die Möhre in kleine Würfel, den Bleichsellerie in Scheibchen und den Lauch in feine Ringe schneiden.

2 Das Gemüse in dem erhitzten Öl andünsten. Den Reis hinzufügen und unter Rühren kurz mitdünsten. Die Hälfte der Brühe zugießen und zugedeckt 30 Minuten garen.

3 Sobald keine Flüssigkeit mehr vorhanden ist, Brühe nachgießen.

4 Den Risotto mit Salz und Pfeffer würzen und abschmecken. Zuletzt reichlich Petersilie untermischen.

Tipp
Risotto immer bei geringer Hitze und zugedeckt garen, dabei ab und zu umrühren. Die zweite Flüssigkeitshälfte nur nach und nach zugießen.

TIPP Den Gemüserisotto können Sie mit Champignons oder Austernpilzen anreichern. Sie können nach Belieben weitere Gemüse hinzufügen: junge Erbsen, grünen Spargel, dicke Bohnen etc.

Fisch und Meeresfrüchte

Fische, Meeresfrüchte und Krustentiere werden wie in allen Mittelmeerländern auch in Italien reichlich verzehrt. Das mare adriatico, das mare tireno und natürlich das mare mediterraneo liefern ein vielfältiges Angebot an den unterschiedlichsten Fischen, Schal- und Krustentieren. Grundsätzlich gilt: Der beste Fisch ist derjenige, der morgens noch Meerwasser gesehen hat.

Alle Fischgerichte sind eiweißreich ℮ *.*

Pesce, cozze, frutti di mare

Probieren Sie doch einmal folgende in Italien heiß begehrten Köstlichkeiten.

▶ Aguglia heißt der aalähnliche Hornhecht. Er wird bis 80 Zentimeter lang und hat ein zartes, fettarmes Fleisch.

▶ Baccalà ist Kabeljau, der zum Trocknen aufgehängt und gesalzen wird. Er ist wegen dieser schonenden Zubereitung äußerst aromatisch, muss aber vor seiner Verarbeitung einige Stunden gewässert werden.

▶ Cefali, also Meeräschen, sind in den Italien umgebenden Meeren in etwa 100 Arten vertreten. Sie haben festes, weißes, feinwürziges Fleisch und wenig Gräten.

▶ Die Rote Meerbarbe, Triglia, ist beliebt wegen ihres zarten, würzigen Fleisches. Da sie keine Gallenblase hat, wird sie häufig unausgenommen zubereitet.

▶ An Brassen werden orata – Goldbrasse, dentice – Zahnbrasse oder pagello – Meerbrasse gerne verzehrt.

Acciughe oder Alici heißen die Sardellen, die in Öl oder Salz eingelegt einen wesentlichen Bestandteil der italienischen Küche bilden. Sardellen werden auch mariniert, gebraten, frittiert oder gefüllt. Sarde hingegen sind die Sardinen, die Sie bei uns bevorzugt in Öl eingelegt kaufen können.

e Seebarsch in Olivensauce

Zutaten für 2 Personen

*1 küchenfertiger Seebarsch, ca. 500 g • jodiertes Salz
Olivenöl • 1 Schalotte • 2 eingelegte Sardellenfilets
2 EL Kapern • ein paar entkernte schwarze Oliven
1 Knoblauchzehe • trockener Weißwein • 200 g passierte
Tomaten • fein gehackte Petersilie*

1 Den Fisch in schräge Scheiben schneiden, waschen und trockentupfen. Mit Salz würzen. Dann die Fischscheiben in erhitztem Öl auf beiden Seiten anbraten, aber nicht fertig garen. Herausnehmen und beiseite stellen.

2 Die Schalotte schälen und fein hacken. Sardellenfilets, Kapern und Oliven fein hacken. Die Schalotte und die Sardellen in erhitztem Öl in der Fischpfanne andünsten.

Dann die Kapern und die Oliven hinzufügen. Den Knoblauch dazupressen und kurz mitdünsten.

3 Mit 1 Schuss Weißwein ablöschen und etwas einkochen lassen. Die passierten Tomaten und reichlich Petersilie unterrühren. Zuletzt die angebratenen Fischscheiben hinzufügen und 10 Minuten bei geringer Hitze kochen lassen. Mit etwas Salz abschmecken.

e Sardinen mit Zitrone

Zutaten für 2 Personen

*400 g frische, küchenfertige Sardinen • 1 großes Bund
Petersilie • 1 Knoblauchzehe • 1 Zitrone • jodiertes Salz
ein paar Salbeiblätter • Olivenöl*

1 Die Fische waschen und trockentupfen. Die Petersilie fein hacken. Knoblauch schälen und fein würfeln. Unter die Petersilie mischen.

2 Die Zitrone schälen, dabei die weiße Haut entfernen. Dann in dünne Scheiben schneiden.

3 In eine kleine, ausgeölte Auflaufform eine Schicht Sardinen legen.

Mit Salz würzen und Zitronenscheiben darauf verteilen. Die Knoblauchpetersilie darüber streuen und ein paar Salbeiblätter darauf legen.

4 So fortfahren, bis alle Zutaten verbraucht sind. Zuletzt mit Olivenöl beträufeln. Im auf 180 °C vorgeheizten Backofen ca. 15 Minuten überbacken.

Nach diesem Rezept können Sie auch Filets oder Steaks von Thunfisch, Seebarsch, Zahnbrasse oder Goldbrasse zubereiten.

 # Schwertfischsteaks mit Sardellensauce

Zutaten für 2 Personen
2 Schwertfischsteaks · Olivenöl · ca. 500 g Kräuter, z. B. Thymian, Salbei, Petersilie · jodiertes Salz · 5 Sardellenfilets

1 Die Fischsteaks waschen und mit Küchenkrepp trockentupfen. In eine Form legen. Mit etwas Olivenöl beträufeln.

2 Die Kräuter hacken und die Fischsteaks damit bestreuen und mit wenig Salz würzen. Zugedeckt mindestens 30 Minuten im Kühlschrank marinieren lassen.

3 Die Sardellenfilets mit dem Mixstab pürieren, dabei 2 bis 3 Esslöffel Olivenöl unterrühren.

4 Die Fischsteaks aus der Marinade nehmen und unter dem vorgeheizten Grill auf jeder Seite ca. 12 Minuten grillen oder im Öl der Marinade in der Pfanne ausbraten. Mit der Sardellensauce servieren.

Tipp
Seebarsch, branzino, und Seehecht, merluzzo, sind äußerst aromatisch. Wenn Sie sie grillen, schneiden Sie sie an mehreren Stellen ein, damit das Fleisch gleichmäßig gart.

e Schwertfisch mit Gemüse und Oliven

Zutaten für 2 Personen

2 Scheiben Schwertfisch, ca. 350 g • Olivenöl • jodiertes Salz, Pfeffer aus der Mühle • 1 Schalotte • 2 Stängel Bleichsellerie 2 reife, aromatische Tomaten, z. B. Strauchtomaten • 1 Knoblauchzehe • 1 EL Kapern • 80 g grüne, halbierte Oliven 1 Lorbeerblatt • 1 Glas trockener Weißwein

Variante
Zusätzlich 1 kleine, fein gewürfelte gelbe Paprikaschote zu den Tomaten geben. Die Paprikaschote dafür am besten mit einem Sparschäler schälen.

1 Den Fisch waschen und trockentupfen. In erhitztem Öl auf beiden Seiten goldbraun braten. Mit Salz und Pfeffer würzen. Herausnehmen und beiseite stellen.
2 Die Schalotte schälen und fein hacken. Den Bleichsellerie waschen und in dünne Scheibchen schneiden.
3 Die Tomaten kurz in heißes Wasser tauchen, häuten, halbieren, entkernen und in kleine Würfel schneiden.
4 Die Schalotte und den Bleichsellerie in der Fischpfanne in erhitztem Öl andünsten. Den Knoblauch schälen und dazupressen.
5 Dann die Tomaten hinzufügen und mit Salz und Pfeffer würzen. Bei geringer Hitze 10 Minuten kochen lassen.
6 Die Kapern, die Oliven und das Lorbeerblatt unterrühren. Die Fischscheiben darauf geben. Den Weißwein zugießen. Zugedeckt bei geringer Hitze weitere 10 Minuten kochen lassen. Zuletzt mit Salz und Pfeffer abschmecken.

TIPP Zur Abwechslung frische Lachsscheiben oder Thunfischkoteletts für dieses Gericht nehmen. Für Schwertfisch alla siciliana fügen Sie 50 Gramm Sultaninen und 50 Gramm Pistazienkerne mit den Kapern zu.

e Goldbrasse mit Kräutern

Zutaten für 2 Personen

*1 küchenfertige Goldbrasse, ca. 500 g • Olivenöl
1 Bund Petersilie • ein paar Salbeiblätter • Thymian- und
Majoranblättchen • schwarze Pfefferkörner • 1 Lorbeerblatt
jodiertes Salz, weißer Pfeffer aus der Mühle • trockener
Weißwein • Butter • 1 TL Zitronensaft • Worcestersauce*

1 Den Fisch waschen und trockentupfen. In eine Form legen und mit Öl bepinseln. Dann mit der Hälfte der fein gehackten bzw. fein gezupften Kräuter bestreuen. Pfefferkörner und das Lorbeerblatt hinzufügen. Zugedeckt mindestens 1 Stunde im Kühlschrank marinieren.

2 Den Fisch aus der Marinade nehmen, mit Küchenkrepp trockentupfen. Mit Salz und Pfeffer würzen. In Öl auf beiden Seiten goldbraun braten.

3 Den Fisch mit dem Bratfett in eine Auflaufform legen. Die restlichen fein gehackten bzw. fein gezupften Kräuter darüber streuen. 1 Esslöffel Petersilie beiseite stellen.

Den Fisch mit 1 Schuss Wein beträufeln und ein paar Butterflöckchen darauf setzen.

4 Im auf 200 °C vorgeheizten Backofen ca. 20 Minuten garen, ab und zu mit dem Bratfond beträufeln.

5 Den Fisch vorsichtig herausnehmen und auf einer vorgewärmten Platte anrichten. Etwas Zitronensaft unter den Bratfond rühren. Ein paar Flöckchen Butter hinzufügen und die Sauce mit reichlich Petersilie würzen. Einige Tropfen Worcestersauce dazugeben. Den Fisch mit der Sauce begießen. Auf dieselbe Weise können Sie Seebarsch, Meerbrasse oder Merlan zubereiten.

Tipp
Die Kräuter können Sie beliebig variieren. Den Fisch beim Marinieren zusätzlich noch mit etwas abgeriebener Zitronenschale bestreuen.

Goldbrassen haben ein weißes, sehr schmackhaftes Fleisch. Es ist von Juli bis Oktober am besten.

e Thunfisch mit Zitronenöl

Zutaten für 2 Personen

2 Thunfischkoteletts, ca. 400 g • 1 Knoblauchzehe
Rosmarinnadeln • jodiertes Salz, Pfeffer aus der Mühle
trockener Weißwein • Saft von 1 Zitrone • Olivenöl

Der große oder rote Thunfisch wird bis drei Meter lang und bis zu 300 Kilogramm schwer. Der kleine weiße Thun erreicht nur etwa einen Meter. Sein Fleisch ist aromatischer und wird gerne gegrillt.

1 Die Fischkoteletts waschen und trockentupfen. In eine Form legen. Mit fein gehacktem Knoblauch, Rosmarin, Salz und Pfeffer bestreuen. Den Wein darüber gießen. Zugedeckt mindestens 30 Minuten im Kühlschrank marinieren.

2 Die Fischkoteletts aus der Marinade nehmen und unter dem vorgeheizten Grill auf jeder Seite ca. 12 Minuten grillen.
3 Den Zitronensaft mit etwas Olivenöl verrühren. In ein Schälchen geben und zu den Thunfischkoteletts servieren.

e Seezungenfilets mit Thymian und Sekt

Zutaten für 2 Personen

4 Seezungenfilets • jodiertes Salz • Thymianblättchen
Butter • trockener Sekt

Die Seezunge gehört zur Familie der Plattfische. Ihr Fleisch ist schneeweiß und ungewöhnlich zart.

1 Die Fischfilets waschen und trockentupfen. Leicht salzen.
2 Zusammen mit ein paar Thymianblättchen in erhitzter Butter vorsichtig anbraten. Die Fischfilets wenden und den Bratfond

mit 1 Schuss Sekt ablöschen. Die Flüssigkeit einige Minuten lang einkochen lassen.
3 Die Fischfilets auf zwei Tellern anrichten und mit dem Bratfond begießen.

🄴 Seezungen mit Salbei

Zutaten für 2 Personen
4 Seezungenfilets • jodiertes Salz • ein paar Blätter Salbei
Butter • ein paar Scheiben Zitrone • weißer Pfeffer

1 Die Fischfilets waschen und trockentupfen. Leicht salzen. Dann zusammen mit ein paar Salbeiblättern in erhitzter Butter auf beiden Seiten kurz anbraten.

2 Die Fischfilets auf 2 Tellern anrichten und mit der Salbeibutter begießen. Mit Zitronenscheiben garnieren. Nach Geschmack mit weißem Pfeffer übermahlen.

Zur Abwechslung können Sie Schollen-, Forellen- oder Barschfilets für diese Gerichte verwenden. Die Bratzeit ist dann allerdings etwas länger.

🄴 Forelle mit Steinpilzen

Zutaten für 2 Personen
1 mittelgroße, küchenfertige Forelle • jodiertes Salz, Pfeffer
aus der Mühle • 1 Bund Petersilie • Olivenöl • 200 g Stein-
pilze • 0,1 l trockener Weißwein

1 Den Fisch waschen und trockentupfen. Dann innen leicht salzen und mit 1/2 Bund gehackter Petersilie füllen. In erhitztem Öl auf beiden Seiten goldbraun anbraten.
2 Die Steinpilze mit Küchenkrepp säubern und frisch anschneiden. Dann in Scheiben schneiden. In erhitztem Öl rösten.

3 Den Fisch in eine ausgeölte Auflaufform legen. Die Pilze darum verteilen. Mit Salz und Pfeffer würzen. Reichlich fein gehackte Petersilie darüber streuen. Zuletzt den Wein darüber gießen.
4 Den Fisch in dem auf 200 °C vorgeheizten Backofen ca. 20 Minuten garen. Heiß servieren.

Selbstverständlich werden in Italien auch Süßwasserfische konsumiert. Beispielsweise in Umbrien, wo aus dem Lago di Trasimeno und seinen Zuflüssen Karpfen, Hechte, Aale, Forellen und Rotaugen gezogen werden.

e Forelle mit Kräutern

Zutaten für 2 Personen
1 mittelgroße, küchenfertige Forelle • Olivenöl • Salz, Pfeffer aus der Mühle • fein gehackte Kräuter, z. B. Thymian, Salbei und Petersilie • 1 EL Kapern • trockener Weißwein

1 Den Fisch wie auf Seite 77 unten beschrieben braten. Dann in eine ausgeölte Auflaufform legen. Einige Male einschneiden. Salzen und pfeffern. Kräuter und Kapern darüber streuen. Mit etwas Wein beträufeln.
2 Den Fisch im auf 200 °C vorgeheizten Backofen 20 Minuten garen.

e Muscheln im Weinsud

Für das Garen von Muscheln können Sie beliebige Sude zubereiten. In der Regel dünstet man Knoblauch in Olivenöl an, fügt zerkleinertes Gemüse und Weißwein hinzu und kocht den Sud kurz auf, bevor man die Muscheln in den Topf gibt.

Zutaten für 2 Personen
1 kg Miesmuscheln • 1 Zwiebel • 1 unbehandelte Zitrone 3 Knoblauchzehen • Olivenöl • 1 Zweig Thymian • 1 Lorbeerblatt • 1 scharfe Peperoni • jodiertes Salz • 1 TL Balsamessig 1/2 Glas trockener Weißwein • gehackte Petersilie

1 Die Muscheln unter fließendem Wasser waschen, die Bartfäden entfernen. Bereits geöffnete Muscheln aussortieren.
2 Die Zwiebel und die Zitrone in Scheiben schneiden. Den Knoblauch fein würfeln.
3 Den Knoblauch in erhitztem Öl andünsten.
Thymian, Lorbeerblatt und Peperoni hinzufügen. Mit Salz würzen.
4 Die Zwiebel und Zitronenscheiben dazugeben. Essig, Wein und etwas Wasser zugießen. Den Sud 5 Minuten leise kochen lassen.
5 Die Peperoni herausfischen und die Muscheln

in den Topf geben. Zu-
gedeckt bei geringer Hit-
ze 10 Minuten kochen
lassen.

6 Die fertigen Muscheln
mit gehackter Petersilie
bestreuen und lauwarm
servieren.

e Muscheln im Tomatensud

Zutaten für 2 Personen

1 kg Miesmuscheln · 1 Zwiebel · 2 Knoblauchzehen
4 reife, aromatische Tomaten, z. B. Strauchtomaten
1 Zweig Thymian · ein paar Stängel Petersilie · 1 Lorbeerblatt
jodiertes Salz, Pfeffer aus der Mühle · 1 Glas Weißwein
Olivenöl · fein gehackte Petersilie

1 Die Muscheln unter
fließendem Wasser wa-
schen und die Bartfäden
entfernen. Geöffnete
Muscheln aussortieren.
2 Die Zwiebel und den
Knoblauch schälen. Die
Zwiebel in Streifen, den
Knoblauch in feine Wür-
fel schneiden. Die Toma-
ten kurz in kochendes
Wasser tauchen, häuten,
halbieren, entkernen
und in kleine Würfel
schneiden.
3 Die Zwiebel und den
Knoblauch mit den Kräu-
tern und dem Lorbeer-
blatt in erhitztem Öl

kurz andünsten. Die
Tomaten hinzufügen,
salzen, pfeffern und kurz
mitdünsten. Den Wein
zugießen und den Sud
5 Minuten bei geringer
Hitze kochen lassen.
4 Die Kräuter und das
Lorbeerblatt heraus-
fischen und die Muscheln
in den Topf geben. Zu-
gedeckt bei weiterhin
geringer Hitze ca. 10 Mi-
nuten kochen lassen, da-
bei ab und zu den Topf
rütteln.
5 Die fertigen Muscheln
mit der Petersilie be-
streuen und servieren.

**Für Muschel-
salat die Mu-
scheln aus der
Schale lösen
und in eine
Kräutervi-
naigrette ein-
legen. Oder die
ausgelösten
Muscheln mit
Rucolamayon-
naise vermi-
schen und mit
Eivierteln gar-
nieren.**

e Shrimps in Kräuteröl

Variante
Sie können
die Shrimps
auch durch
Hummer-
krabben oder
Riesen-
garnelen
ersetzen.

Zutaten für 2 Personen

200 g gekochte Shrimps · 2 Knoblauchzehen · Olivenöl
fein gehackte Kräuter, z. B. Basilikum, Petersilie und Estragon

1 Die Shrimps aus der Schale lösen. Den Knoblauch schälen. In 2 Auflaufförmchen etwas Öl erhitzen.

2 Den Knoblauch hinzufügen, darin rösten und wieder herausnehmen.

3 Dann die Kräuter und die Shrimps hinzufügen. Im auf 180 °C vorgeheizten Backofen ca. 5 Minuten erhitzen. Eventuell jeweils 1 Schuss trockenen Weißwein hinzufügen.

e Shrimps mit Rucolasauce

Shrimps ist
der englische
Sammel-
begriff für
Tiefseegarne-
len. Sie wer-
den bis zu
zwölf Zen-
timeter lang.
Shrimps sind
tiefgefroren
oder bereits
gekocht
erhältlich.

Zutaten für 2 Personen

200 g gekochte Shrimps · 100 g Rucola · 1 Becher Natur-
joghurt · 1 EL Mayonnaise · Zitronensaft · jodiertes Salz,
Pfeffer aus der Mühle

1 Die gekochten Shrimps aus der Schale lösen. Den Rucola verlesen, waschen und trockenschleudern. Die Hälfte des Rucola ganz fein hacken.

2 Den Joghurt mit der Mayonnaise und etwas Zitronensaft verrühren. Den gehackten Rucola unterrühren. Dann mit Salz und Pfeffer abschmecken. Wenn Sie die Sauce im Mixer pürieren, verliert sie an Farbe.

3 Den restlichen Rucola auf 2 Tellern verteilen. Die Shrimps und die Rucolasauce darüber geben. Sie können den Rucola auch durch Basilikum ersetzen.

e Tintenfische mit Steinpilzen

Zutaten für 2 Personen

400 g küchenfertige Sepien (kleine Tintenfische) • 1 Lorbeer-blatt • 200 g Steinpilze • 1 Knoblauchzehe • Olivenöl • jodier-tes Salz, Pfeffer aus der Mühle • fein gehackte Petersilie

1 Die Tintenfische waschen. In Salzwasser mit dem Lorbeerblatt ca. 20 Minuten kochen lassen. Abgießen und abtropfen lassen. Dann trockentupfen.
2 Die Steinpilze mit Küchenkrepp säubern, die Stiele frisch anschnei-den und die Pilze blättrig schneiden. Den Knob-lauch schälen und fein hacken.
3 Den Knoblauch in er-hitztem Öl andünsten. Die Steinpilze hinzufügen und darin kurz rösten. Mit Salz und Pfeffer würzen.
4 Die Tintenfische un-terrühren. Mit reichlich Petersilie bestreuen und kurz miterhitzen.

e Garnelen mit Kapern

Zutaten für 2 Personen

1 Knoblauchzehe • Olivenöl • 8 frische Garnelen • Kapern schwarze Oliven • trockener Weißwein • jodiertes Salz, Pfeffer aus der Mühle

1 Die geschälte Knob-lauchzehe in leicht erhitz-tem Öl anrösten und wie-der herausnehmen.
2 Die Shrimps samt Scha-le im Knoblauchöl unter Rühren sautieren. Die Kapern und die Oliven hinzufügen. Mit 1 Schuss Weißwein ablöschen, würzen. Kurz durchziehen lassen.

Tintenfische gelten in Italien als besonderer Leckerbissen. Sie werden in Saucen gegart, gegrillt oder frittiert; aus der sepia, dem echten Tinten-fisch, wird be-vorzugt risotto nero vorberei-tet. Polpo, Kra-ke oder Okto-pus finden Sie mittlerweile auch tiefge-kühlt in guter Qualität. Mos-cardini heißen die kleinen Tintenfische. Bekannter bei uns sind die calamari oder calamaretti.

Fleisch

Fleisch wird in Italien – anders als bei uns – nicht mit Saucen auf Sahne- oder Mehlbasis, sondern meist mit frischem Gemüse zubereitet, das gleichzeitig auch Beilage ist.

Die hier vorgestellten Fleischgerichte sind eiweißreich **e** *.*

e Kalbsschnitzel in Tomatensauce

Zutaten für 2 Personen

*1 Schalotte · 1 Knoblauchzehe · 3 reife, aromatische
Tomaten, z. B. Eiertomaten · Olivenöl · entkernte schwarze
Oliven · jodiertes Salz, Pfeffer aus der Mühle
ein paar Blättchen Oregano · Basilikum
2 große, dünne Kalbsschnitzel*

Kalbfleisch wird in Italien vor allem kurz gebraten serviert – also in Form von Kalbsschnitzeln mit Sauce, Kalbskoteletts oder gefüllt und zu Röllchen aufgewickelt.

1 Die Schalotte und den Knoblauch schälen. Die Schalotte fein hacken, den Knoblauch fein würfeln. Die Tomaten kurz in heißes Wasser tauchen, häuten, halbieren und entkernen. Dann in feine Würfel schneiden.

2 Die Schalotte und den Knoblauch in erhitztem Öl andünsten. Die gewürfelten Tomaten und die Oliven hinzufügen. Mit Salz und Pfeffer würzen und mit gehacktem Oregano bestreuen.
10 Minuten kochen lassen. Dann das fein gezupfte Basilikum unterrühren.

3 Die Kalbsschnitzel in etwas erhitztem Öl auf beiden Seiten kurz anbraten.

4 In die Tomatensauce legen und 5 Minuten darin schmoren lassen, dabei ab und zu wenden.

Kalbsschnitzel mit Schinken und Salbei

Kalbsschnitzel mit Schinken und Salbei findet man auf der Speisekarte beim Italiener als Saltimbocca. Es zählt zu den bekanntesten italienischen Fleischgerichten.

Zutaten für 2 Personen

2 große, dünne Kalbsschnitzel · Salbeiblätter
4 Scheiben Parmaschinken · Butter · jodiertes Salz,
Pfeffer aus der Mühle · trockener Weißwein

1 Die Schnitzel halbieren. Mit je 1 bis 2 Salbeiblättern und 1 Scheibe Schinken belegen. Mit Zahnstochern befestigen.
2 Bei geringer Hitze in etwas erhitzter Butter auf beiden Seiten braten. Mit Salz und Pfeffer leicht würzen. Herausnehmen und warm stellen.
3 Den Bratensatz mit 1 Schuss Weißwein ablöschen. Aufkochen lassen und über das Fleisch gießen.

Kalbsschnitzel in Zitronensauce

Zutaten für 2 Personen

2 große, dünne Kalbsschnitzel · Butter · jodiertes Salz,
Pfeffer aus der Mühle · trockener Weißwein · Zitronensaft
2 EL Crème fraîche · Zitronenscheiben

1 Die Schnitzel in etwas erhitzter Butter auf beiden Seiten braten. Mit Salz und Pfeffer leicht würzen. Herausnehmen und warm stellen.
2 Den Bratensatz mit etwas Wein und dem Saft von 1/2 Zitrone ablöschen. Aufkochen und etwas einkochen lassen. Dann die Crème fraîche unterrühren und die Zitronensauce abschmecken.
3 Die Schnitzel mit der Zitronensauce und Zitronenscheiben garniert servieren.

e Kalbsgulasch mit Paprika

Zutaten für 2 Personen

400 g mageres Kalbsfleisch • je 1 kleine rote und 1 gelbe Paprikaschote • 2 reife, aromatische Tomaten, z. B. Strauchtomaten • 1 Schalotte • 1 Knoblauchzehe • 2 Sardellenfilets Olivenöl • 1 EL Kapern • trockener Weißwein • Oreganoblättchen • 1 Lorbeerblatt • jodiertes Salz, Pfeffer aus der Mühle • Basilikumblätter

1 Das Kalbfleisch waschen, trockentupfen und in kleine Würfel schneiden. Die Paprikaschoten waschen, halbieren, entkernen und in Streifen schneiden.

2 Die Tomaten kurz in heißes Wasser tauchen, häuten, halbieren und entkernen. Dann in kleine Würfelchen schneiden.

3 Die Schalotte und den Knoblauch schälen. Die Schalotte fein hacken. Den Knoblauch fein würfeln. Die Schalotte mit den Sardellenfilets in erhitztem Öl andünsten.

4 Den Knoblauch und das Fleisch hinzufügen. Rundum unter Rühren ca. 5 Minuten kräftig anbraten. Die Paprikastreifen hinzufügen und 5 Minuten mitdünsten.

5 Dann die Kapern darüber streuen und etwas Wein zugießen. Kurz einkochen lassen.

6 Die Tomatenwürfelchen zusammen mit fein gehacktem Oregano und dem Lorbeerblatt hinzufügen. Etwas Wasser zugießen und alles mit wenig Salz würzen. Zugedeckt bei geringer Hitze ca. 30 Minuten schmoren lassen.

7 Zuletzt mit Salz und frisch gemahlenem Pfeffer abschmecken, das Lorbeerblatt entfernen, das Basilikum grob hacken und kurz vor dem Servieren unter das Kalbsgulasch rühren.

In Öl eingelegte Sardellenfilets werden in Italien als Würzzutat für die unterschiedlichsten Gerichte genommen. Zu Fleisch- und Fischgerichten, für Pastasaucen, als Pizzabelag, als Salatzutat u. v. m.

℮ Kalbskoteletts mit Kräutern

Zu gebratenem
Kalbfleisch
passt am besten
gemischter
Salat oder
Gemüse. Nudeln
und Kartoffeln
als Beilage ent-
sprechen nicht
den Trennkost-
regeln.

Zutaten für 2 Personen

2 magere Kalbskoteletts · Butter · fein gehackte Kräuter,
z. B. Rosmarin, Thymian und Salbei · trockener Weißwein
jodiertes Salz

1 Die Kalbskoteletts in erhitzter Butter auf beiden Seiten kräftig anbraten. Die Kräuter hinzufügen und mit 1 Schuss Wein ablöschen.

2 Die Koteletts wenden, mit etwas Wein beträufeln und 5 Minuten schmoren lassen. Herausnehmen, salzen, mit der Kräuterbutter begießen.

℮ Kalbsragout mit Artischocken

Zutaten für 2 Personen

400 g mageres Kalbsfleisch · 4 junge Artischocken · Zitro-
nensaft · 1 Schalotte · 1 Knoblauchzehe · Olivenöl · jodiertes
Salz, Pfeffer aus der Mühle · 1 Lorbeerblatt · ein paar
Stängel Thymian · trockener Weißwein · Fleischbrühe
fein gehackte Petersilie

Variante
Statt mit
Artischocken
können Sie das
Kalbsragout
auch mit belie-
bigen Pilzen
zubereiten.

1 Das Kalbfleisch in kleine Würfel schneiden. Von den Artischocken die Stiele abbrechen und die äußeren zähen Blätter entfernen. Dann die Blattspitzen abschneiden und die Artischocken vierteln. Sofort in Zitronenwasser legen.

2 Die Schalotte und den Knoblauch schälen. Die Schalotte fein hacken. Den Knoblauch fein würfeln. Die Schalotte in erhitztem Öl andünsten.

3 Den Knoblauch und das Fleisch hinzufügen. Unter Rühren rundum anbraten. Mit Salz und

Pfeffer würzen. Dann das Lorbeerblatt und die Thymianstängel hinzufügen. Etwas Wein zugießen und kurz einkochen lassen.
4 Etwas Brühe zugießen. Das Fleisch zugedeckt bei geringer Hitze ca. 20 Minuten schmoren lassen.

Dann die Artischocken hinzufügen und das Fleisch weitere 15 Minuten garen. Falls nötig, noch etwas Brühe zugießen.
5 Zuletzt abschmecken und fein gehackte Petersilie unter das Kalbsragout rühren.

e Rinderbraten mit Schalotten

Zutaten für 2 Personen
500 g Rinderbraten · scharfer Senf · 500 g Schalotten
Olivenöl · jodiertes Salz, Pfeffer aus der Mühle
ein paar Stängel Thymian · 1 Lorbeerblatt
trockener Weißwein · Fleischbrühe

1 Den Rinderbraten rundum mit Senf bestreichen. Die Schalotten schälen und in Scheiben schneiden.
2 Den Rinderbraten in erhitztem Öl von allen Seiten kräftig anbraten. Die Schalotten hinzufügen und unter Rühren mitbraten.
3 Das Fleisch mit Salz und Pfeffer würzen. Dann die Thymianstängel und das Lorbeerblatt hinzufü-

gen. Mit 1 Schuss Wein ablöschen und kurz einkochen lassen.
4 Etwas Fleischbrühe zugießen und den Braten zugedeckt ca. 45 Minuten schmoren lassen. Falls nötig, noch etwas Flüssigkeit zugießen. Ab und zu mit der Schmorflüssigkeit begießen. Die Herdplatte ausschalten und den Braten noch 10 Minuten auf der abkühlenden Platte weitergaren.

Die Schalotten sollten zu Püree zerkochen, während das Fleisch innen noch ein wenig blutig sein darf.

e Rinderlende mit Kräutern in der Salzkruste

Zutaten für 2 Personen

500 g Rinderlende · 1 Knoblauchzehe · gehackte Rosmarin-nadeln · Olivenöl · grobes Meersalz

Jede italienische Region hat ihr eigenes Rezept für einen Rinderschmorbraten. Mit Schalotten wird er in Umbrien zubereitet, auf Sardinien legt man ihn in eine Marinade aus Pilzen und Petersilie, im Friaul wird er gespickt und mit Zimt und Gewürznelken geschmort.

1 Das Fleisch waschen und trockentupfen. Den Knoblauch schälen und leicht quetschen. Das Fleisch damit rundum einreiben. Dann mit dem Rosmarin bestreuen.
2 Den Boden einer ausgeölten Auflaufform mit Salz bedecken. Das Fleisch darauf legen und völlig mit Salz bedecken.

3 Das Fleisch im auf 250 °C vorgeheizten Backofen ca. 20 Minuten braten. Dann den Backofen ausschalten und das Fleisch noch 10 Minuten darin ruhen lassen.
4 Die Salzkruste entfernen und die Rinderlende in Scheiben schneiden. Folgende Paprikasauce dazu servieren:

Paprikasauce

Zutaten für 2 Personen

2 reife, aromatische Tomaten · 1 kleine gelbe Paprika-schote · 1 Knoblauchzehe · Basilikumblätter · 1 EL Kapern Balsamicoessig · 1 EL Olivenöl · 1 Prise Cayennepfeffer jodiertes Salz, Pfeffer aus der Mühle

1 Tomaten kurz in heißes Wasser tauchen, häuten, halbieren und entkernen. Dann in Würfel schneiden. Die Paprikaschote schälen, halbieren und entkernen. Ebenfalls ganz fein würfeln. Sie können

die Paprikaschote auch häuten, indem Sie sie unter den Grill legen, bis die Haut Blasen wirft.
2 Den Knoblauch fein hacken. Die Basilikumblätter klein zupfen. Dann alles mit den Kapern vermischen.
3 Zuletzt 1 Schuss Balsamicoessig und das Öl hinzufügen. Mit den Gewürzen kräftig abschmecken.

Rinderlende in Oliven-Kapern-Sauce

Zutaten für 2 Personen
500 g Rinderlende · 1 Knoblauchzehe · 2 Sardellenfilets · Olivenöl · 1 EL Kapern · 50 g entkernte Oliven fein gehackte Petersilie · jodiertes Salz, Pfeffer aus der Mühle · trockener Weißwein · Fleischbrühe

1 Die Rinderlende waschen und trockentupfen. Den Knoblauch schälen und fein hacken.
2 Die Sardellenfilets in erhitztem Öl dünsten, bis sie zerfallen. Den Knoblauch und die Kapern hinzufügen und einige Minuten mitschmoren.
3 Das Fleisch hinzufügen und rundum kräftig anbraten. Die Hitze reduzieren. Oliven und die Petersilie dazugeben. Mit Salz und Pfeffer würzen.

4 1 Schuss Weißwein zugießen und einkochen lassen. Etwas heiße Fleischbrühe zugießen und die Lende zugedeckt ca. 20 Minuten schmoren lassen. Wenn Sie's scharf mögen, geben Sie 1 Peperoni oder etwas Cayennepfeffer hinzu. Ab und zu mit der Schmorflüssigkeit begießen.
5 Das Fleisch in Scheiben schneiden und mit der Oliven-Kapern-Sauce servieren.

Wichtig
Das Rindfleisch beim Schmoren immer wieder mit Schmorflüssigkeit begießen, damit es nicht austrocknet.

e Gekochtes Rindfleisch mit Pilzen

Zutaten für 2 Personen

*350 g gekochtes Rindfleisch · 250 g Champignons oder
Egerlinge · 1 Knoblauchzehe · Olivenöl · jodiertes Salz,
Pfeffer aus der Mühle · trockener Weißwein
fein gehackte Petersilie · Fleischbrühe*

Tipp
**Zu kurz gebratenem
Rindfleisch
passt am
besten ein
gemischter
Blattsalat mit
einer Kräutervinaigrette.**

1 Das gekochte Fleisch in kleine Würfel schneiden. Die Pilze mit Küchenkrepp säubern und die Stiele frisch anschneiden. Dann die Pilze in Scheibchen schneiden.
2 Den Knoblauch schälen und fein hacken. In erhitztem Öl andünsten. Dann die Pilze hinzufügen und darin dünsten.

Mit Salz und Pfeffer würzen.
3 1 Schuss Wein zugießen und einkochen lassen. Petersilie darüber streuen, dann etwas Fleischbrühe zugießen. Die Pilze ca. 5 Minuten schmoren lassen.
4 Das Fleisch hinzufügen und 5 Minuten miterhitzen. Zuletzt abschmecken.

e Lammkoteletts mit Oliven

Zutaten für 2 Personen

*4 Lammkoteletts · 50 g grüne oder schwarze Oliven
jodiertes Salz, Cayennepfeffer · Oreganoblättchen
Zitronensaft · Olivenöl*

1 Die Lammkoteletts müssen vor dem Braten leicht geklopft und in Form geschnitten werden, dabei sollte der Fettrand

vollständig entfernt werden.
2 Die Koteletts waschen und mit Küchenkrepp trockentupfen.

3 Die Oliven entkernen und grob hacken.

4 Die Lammkoteletts in erhitztem Öl auf beiden Seiten kräftig anbraten. Mit Salz und etwas Cayennepfeffer würzen.

5 Oliven, fein gehackte Oreganoblättchen und etwas Zitronensaft hinzufügen. Bei geringer Hitze noch ein paar Minuten weitergaren. Nach Geschmack mit Rosmarin würzen.

e Steaks mit Pilzen in der Folie

Zutaten für 2 Personen

*2 Lendensteaks · 125 g Steinpilze · 1 Knoblauchzehe
Butter · Olivenöl · Salbeiblätter · Rotwein · jodiertes
Salz · fein gehackte Petersilie · 4 Scheiben Parmaschinken*

1 Die Steaks waschen und trockentupfen. Die Pilze säubern und frisch anschneiden. Dann die Pilze blättrig schneiden. Den Knoblauch schälen und fein hacken.

2 Etwas Butter mit Öl erhitzen. Die Steaks und ein paar Salbeiblätter hinzufügen. Auf beiden Seiten kräftig anbraten. Mit 1 Schuss Rotwein ablöschen und kurz einkochen lassen.

3 Den Knoblauch in erhitztem Öl andünsten.

Die Pilze hinzufügen und mitdünsten. Mit Salz würzen. Dann Petersilie darüber streuen. Etwas Rotwein zugießen und einkochen lassen.

4 Die Steaks auf je ein großes Stück Alufolie legen. Die Pilze darauf verteilen. Mit etwas Rotwein beträufeln. Je 2 Scheiben Schinken darauf legen. Die Folie gut verschließen.

5 Die Pilzsteaks im auf 200 °C vorgeheizten Backofen ca. 15 Minuten garen.

Tipp
Rindersteaks werden besonders zart und mürbe, wenn man sie über Nacht in gewürztes Öl einlegt.

Grün, weiß und rot – die italienischen Nationalfarben lassen sich in diversen Gerichten wiederfinden. Hier ist es ein Steak mit Auberginen und Mozzarella.

e Steaks mit Auberginen und Mozzarella

Zutaten für 2 Personen
2 Filetsteaks • 1 kleine Aubergine • 2 Tomaten • 1 Kugel Mozzarella à 125 g, 45 % Fett i. Tr. • Olivenöl • jodiertes Salz, Pfeffer aus der Mühle • Basilikumblätter

Steaks mit Auberginen und Mozzarella überbacken sind eine sizilianische Spezialität.

1 Die Steaks waschen und trockentupfen. Die Aubergine waschen und der Länge nach in nicht zu dünne Scheiben schneiden. Die Tomaten und den Mozzarella ebenfalls in Scheiben schneiden.

2 Die Auberginenscheiben auf Backpapier im vorgeheizten Backofen kurz rösten. Die Steaks in erhitztem Öl auf beiden Seiten anbraten. Mit Salz und Pfeffer würzen.

3 In 2 ausgeölten Auflaufförmchen die Hälfte der Auberginenscheiben verteilen. Jeweils 1 Steak und darauf ein paar Tomatenscheiben legen. Mit fein gezupftem Basilikum bestreuen. Mit dem Mozzarella belegen und mit Zucchinischeiben abschließen.
4 Im auf 200 °C vorgeheizten Backofen ca. 5 Minuten überbacken, bis der Käse geschmolzen ist.

Kalbsröllchen mit Schinken und Käse

Zutaten für 2 Personen

2 große, dünne Kalbsschnitzel • 4 dünne Scheiben Parmaschinken • 2 Scheiben Fontina, 48 % Fett i. Tr. • 1/2 Bund Petersilie • 1 Knoblauchzehe • 1 Schalotte • 2 reife, aromatische Tomaten, z. B. Strauchtomaten • Olivenöl • jodiertes Salz, Pfeffer aus der Mühle

1 Die Schnitzel zwischen Klarsichtfolie leicht klopfen. Mit je 2 Scheiben Schinken und 1 Scheibe Käse belegen.
2 Die Petersilie überbrausen, trockenschleudern und fein hacken. Den Knoblauch schälen und fein würfeln. Unter die Petersilie mischen. Die Schnitzel damit bestreuen. Dann zusammenrollen.

3 Die Schalotte schälen und fein hacken. Die Tomaten, häuten, entkernen, in feine Würfel schneiden.
4 Die Schalotte in erhitztem Öl andünsten. Die Fleischröllchen hinzufügen und rundum goldbraun braten. Die Tomaten dazugeben. Mit Salz und Pfeffer würzen. Die Kalbsröllchen zugedeckt bei geringer Hitze 15 Minuten schmoren lassen.

Variante
Zusätzlich können Sie noch halbierte, entkernte Oliven und Kapern hinzufügen.

Lammragout mit Zucchini und Tomaten

Zutaten für 2 Personen

400 g mageres Lammfleisch · 1 Zucchini · 3 Tomaten
2 Schalotten · 1 Knoblauchzehe · Olivenöl · Rosmarin
jodiertes Salz, Pfeffer aus der Mühle · trockener
Weißwein

In Italien isst man Lammfleisch immer ganz durchgebraten und häufiger als Schweinefleisch.

1 Das Lammfleisch in Würfel schneiden. Das Gemüse putzen und gründlich waschen bzw. schälen.

2 Die Zucchini in Scheiben, die Tomaten in Stücke schneiden, eventuell vorher häuten. Die Schalotten fein hacken. Den Knoblauch fein würfeln.

3 Das Lammfleisch in erhitztem Öl mit der Schalotte, dem Knoblauch und den fein gehackten Rosmarinnadeln von allen Seiten kräftig anbraten. Mit Salz und Pfeffer würzen.

4 Das Gemüse hinzufügen und kurz andünsten. Dann 1 guten Schuss Wein hinzufügen.

5 Das Lammragout zugedeckt bei geringer Hitze ca. 30 Minuten schmoren lassen. Zuletzt mit Rosmarin, Salz und Pfeffer abschmecken. Möglichst heiß servieren.

Lammspießchen mit frischem Thymian

Zutaten für 2 Personen

400 g mageres Lammfleisch · 1 rote Paprikaschote
einige Stängel frischer Thymian · Olivenöl · jodiertes Salz,
Pfeffer aus der Mühle

1 Das Fleisch in Würfel schneiden. Die Paprikaschote waschen, entkernen und in Stücke schneiden. Abwechselnd auf Holzspießchen ziehen. Mit dem Thymian in eine Form legen und mit Öl beträufeln. Mindestens 30 Minuten marinieren. **2** Über Holzkohle ca. 10 Minuten grillen, dabei mit Marinieröl bepinseln. Zuletzt würzen.

e Lammkoteletts in der Folie

Zutaten für 2 Personen

4 Lammkoteletts · 10 g getrocknete Steinpilze · 3 reife, aromatische Tomaten · 1 TL Kapern · 1 Sardellenfilet jodiertes Salz, Pfeffer aus der Mühle · Olivenöl

1 Lammkoteletts waschen und trockentupfen. Die Pilze 30 Minuten in lauwarmem Wasser einweichen. **2** Die Tomaten kurz in heißes Wasser tauchen, häuten, halbieren, entkernen und würfeln. **3** Die Kapern und das Sardellenfilet fein hacken. Mit den Pilzen unter die Tomaten mischen. **4** Je 2 Lammkoteletts auf ein Stück Alufolie legen. Salzen, pfeffern und mit Öl beträufeln. Die Tomatenmischung darauf verteilen. Die Folie verschließen. Im auf 250 °C vorgeheizten Backofen ca. 20 Minuten garen.

Lamm wird im Friaul häufig durch capra, das Fleisch junger Ziegen, ersetzt.

Tipp Statt der Pilze und der Tomaten können Sie 1/2 Stange Bleichsellerie, 100 Gramm gehackte Zwiebeln und 2 Esslöffel Schinkenspeck in erhitztem Olivenöl andünsten, 1 Zehe Knoblauch dazupressen und das Gemüse zusammen mit frischer Petersilie auf die Koteletts geben und in Folie einschlagen.

Geflügel

In Italien gibt es eine Vielzahl von Geflügelgerichten. Anders als bei uns werden für ihre Zubereitung jede Menge Kräuter, aber auch Tomaten und Pilze besonders gerne verwendet.

Alle Geflügelgerichte sind eiweißreich **e** .

e Hähnchen mit Tomaten und Schinken

Zutaten für 2 Personen
1 junges Huhn, ca. 800 g · 2 reife, aromatische Tomaten 50 g Parmaschinken · Oreganoblättchen · trockener Weißwein · Olivenöl · jodiertes Salz, Pfeffer aus der Mühle

1 Das Huhn in nicht zu große Stücke teilen, waschen und mit Küchenkrepp trockentupfen.
2 Die Tomaten kurz in heißes Wasser tauchen, häuten, halbieren und entkernen. Dann in feine Würfel schneiden.
3 Den Schinken in feine Streifen schneiden. Zusammen mit den fein gehackten Oreganoblättchen unter die gewürfelten Tomaten mischen.

4 Etwas trockenen Weißwein zugießen und die Tomatensauce kurz ziehen lassen.
5 Die Geflügelstücke in erhitztem Olivenöl rundum kräftig anbraten. Die Tomatensauce hinzufügen und 1-mal aufkochen lassen.
6 Bei geringer Hitze ca. 40 Minuten schmoren lassen. Mit Salz und Pfeffer würzen und mit Wein abschmecken.

In Italien ebenfalls sehr beliebt ist Geflügelleber. Man bereitet sie beispielsweise zusammen mit Artischocken und Schinken zu.

e Hühnerbrust in Salbeisauce

Variante
**Zusätzlich
noch 1 Hand
voll blättrig
geschnittene
Steinpilze mit
der Hühner-
brust an-
braten.**

Zutaten für 2 Personen

*1 große, ausgelöste Hühnerbrust · Butter · Salbeiblätter
jodiertes Salz · trockener Weißwein*

1 Die Hühnerbrust wa-
schen und trockentupfen.
Dann halbieren und in er-
hitzter Butter auf beiden
Seiten anbraten.
2 Ein paar Salbeiblätter
hinzufügen und die

Geflügelbrust würzen.
1 Schuss Wein über das
Fleisch gießen. Bei geringer Hitze ca. 15 Minuten
schmoren lassen. Nach
Belieben etwas Gefügel-
fond zugießen.

e Hühnerbrust mit Tomaten und Mozzarella

**Sie können das
Geflügelfleisch
auch auf einem
Gemisch aus
halb Tomaten-,
halb Zucchini-
würfelchen ga-
ren. Zum Wür-
zen gehackte
Thymianblätt-
chen nehmen
und das Geflü-
gelfleisch even-
tuell mit fein
geriebenem
Parmesan
überbacken.**

Zutaten für 2 Personen

*1 große, ausgelöste Hühnerbrust · Butter · 3 reife, aroma-
tische Tomaten · jodiertes Salz · trockener Weißwein
Basilikumblätter · 100 g Mozzarella, 45 % Fett i. Tr.*

1 Die Hühnerbrust wa-
schen und trockentupfen.
Dann halbieren und in er-
hitzter Butter auf beiden
Seiten anbraten. Zunächst
beiseite stellen.
2 Die Tomaten ins Bratfett geben. Mit Salz wür-
zen und 5 Minuten düns-
ten. Etwas trockenen
Weißwein zugießen.

3 Das Geflügelfleisch
darauf setzen. Salzen und
mit fein gezupftem Basilikum bestreuen. Zugedeckt
bei geringer Hitze 10 Mi-
nuten schmoren lassen.
4 Den Mozzarella in
Scheiben schneiden. Auf
dem Geflügelfleisch ver-
teilen und zugedeckt
schmelzen lassen.

e Hühnerbrust in Zitronensauce

Zutaten für 2 Personen
1 große, ausgelöste Hühnerbrust · Butter · Rosmarinnadeln
jodiertes Salz · Saft von 1 Zitrone · eventuell Geflügelfond

1 Die Hühnerbrust waschen und trockentupfen. Dann halbieren und in erhitzter Butter auf beiden Seiten anbraten.
2 Ein paar Rosmarinnadeln hinzufügen und die Geflügelbrust salzen. Den Zitronensaft über das Fleisch gießen. Bei geringer Hitze ca. 15 Minuten schmoren lassen. Eventuell etwas Geflügelfond zugießen.

Tipp
Sie können dem Zitronensaft auch noch etwas abgeriebene Zitronenschale hinzufügen.

e Huhn in Thunfischsauce

Zutaten für 2 Personen
1/2 gegrilltes Huhn · 100 g Thunfisch aus der Dose
(Abtropfgewicht) · 1 Sardellenfilet · 1 EL Zitronensaft
100 g Mayonnaise · 1 EL Kapern

1 Vom Huhn die Haut entfernen und das Fleisch von den Knochen lösen. In feine Scheiben schneiden oder fein würfeln.
2 Den Thunfisch mit dem Sardellenfilet und dem Zitronensaft mit dem Mixstab gründlich pürieren.
3 Die Mayonnaise hinzufügen und die Masse glatt rühren. Falls die Sauce zu dick ist, mit ein wenig Wasser oder etwas Kapernflüssigkeit verdünnen.
4 Zuletzt die Kapern unter die Thunfischsauce rühren.
5 Das Geflügelfleisch auf 2 Tellern verteilen und mit der Thunfischsauce gleichmäßig überziehen.

e Hühnerbrust in der Folie

Zutaten für 2 Personen
1 große, ausgelöste Hühnerbrust · Butter · trockener Weißwein · 125 g Steinpilze · 1 Knoblauchzehe · Olivenöl fein gehackte Petersilie · jodiertes Salz · 4 Scheiben Parmaschinken

Tipp
Auch beim Garen in der Folie besteht die Gefahr, dass das Gargut trocken wird. Daher am besten vor dem Verschließen etwas Wein oder Brühe über die Hühnerbrust träufeln.

1 Die Hühnerbrust waschen und trockentupfen. Dann halbieren und in erhitzter Butter auf beiden Seiten braten. Etwas Wein zugießen und 5 Minuten schmoren lassen.

2 Die Pilze nicht – oder nur mit wenig Wasser – waschen. Mit Küchenkrepp säubern und die Stiele frisch anschneiden, Pilze blättrig schneiden.

3 Den Knoblauch schälen und sehr fein würfeln. In erhitztem Öl andünsten.

Pilze und Petersilie hinzufügen. Salzen und 5 Minuten schmoren lassen.

4 Das Gefügelfleisch auf je ein großes Stück Alufolie legen. Die Pilze darauf verteilen. Je 2 Scheiben Schinken darauf legen. Die Folie sorgfältig ganz dicht verschließen.

5 Die Hühnerbrust im auf 200 °C vorgeheizten Backofen ca. 10 Minuten garen.

e Huhn mit Frühlingszwiebeln und Zitrone

Zutaten für 2 Personen
1 junges Huhn, ca. 800 g · 4 Frühlingszwiebeln · Butter Olivenöl · jodiertes Salz, Pfeffer aus der Mühle trockener Weißwein · Thymianblättchen · Zitronensaft abgeriebene Zitronenschale

1 Das Huhn in nicht zu große Stücke schneiden, waschen, trockentupfen.
2 Die Frühlingszwiebel putzen, waschen und in dicke Ringe schneiden.
3 Zu gleichen Teilen Butter und Olivenöl erhitzen. Die Geflügelstücke darin rundum anbraten. Mit Salz und Pfeffer würzen. Etwas Wein zugießen und einkochen lassen.

4 Die Frühlingszwiebeln untermischen. Bei geringer Hitze ca. 40 Minuten schmoren lassen. 10 Minuten vor dem Ende der Garzeit die Thymianblättchen und etwas Zitronensaft langsam unterrühren.
5 Zuletzt abschmecken und mit abgeriebener Zitronenschale bestreut servieren.

e Brathuhn mit Kräutern

Zutaten für 2 Personen

1 junges Huhn, ca. 800 g • jodiertes Salz, Pfeffer aus der Mühle • 4 Scheiben Parmaschinken • 1 Knoblauchzehe fein gehackte Kräuter, z. B. Rosmarin, Salbei und Thymian Olivenöl

1 Das Huhn waschen und mit Küchenkrepp trockentupfen. Innen salzen und pfeffern.
2 Den Schinken in feine Streifen schneiden. Den Knoblauch schälen und fein hacken oder pressen.
3 Beides mit dem gehackten Rosmarin und den fein geschnittenen

Thymian- und Salbeiblättchen vermischen und in das Huhn füllen.
4 Das Huhn zunähen, salzen und pfeffern.
5 Dann in eine eingeölte Auflaufform setzen und im auf 200 °C vorgeheizten Backofen ca. 40 Minuten braten. Dabei ab und zu mit Öl bepinseln.

Ebenfalls eine italienische Spezialität ist Huhn in der Salzkruste gegart. Das gefüllte Huhn in eine mit grobem Meersalz ausgestreute Form setzen und vollständig mit Salz bedecken. Dann im Backofen garen. Die Salzkruste bei Tisch mit einem Hammer aufschlagen.

Kalte Saucen

Kalte Saucen und heiße Gerichte – in Italien ist das kein Widerspruch. Kalte Saucen passen zu gekochtem Fleisch, zu pochiertem Fisch, zu bissfest gegarter Pasta u. v. m. Basis für solche Saucen sind meist frische Kräuter, Nüsse und Olivenöl, aber auch Kapern, Sardellen oder Paprika (siehe Rezept Seite 88). Die Variationsmöglichkeiten dieser Saucen sind immens. Lassen Sie sich von den folgenden Rezepten zu eigenen Kreationen anregen. Buon appetito!

Die kalten Saucen sind neutral 🔷 *oder eiweißreich* 🔹.

e Sardellensauce

Zutaten für 2 Personen
6 Sardellenfilets · 2 hart gekochte Eigelbe · Olivenöl
trockener Weißwein · fein gehackte Petersilie
Pfeffer aus der Mühle

1 Die Sardellenfilets kurz unter fließend kaltem Wasser abspülen und mit Küchenkrepp trockentupfen.
2 Zusammen mit den harten Eigelben pürieren. Mit etwas Olivenöl geschmeidig rühren.
3 Nach und nach abwechselnd etwas Öl und Wein unterrühren, bis die Sauce eine dicke Konsistenz hat. Achten Sie besonders darauf, dass Öl und Wein Zimmertemperatur haben.
4 Zuletzt Petersilie hinzufügen und die Sauce mit Pfeffer abschmecken.
Passt zu: pochiertem Fisch und zu Pasta.

Sardellen und Kapern spielen in der italienischen Küche als Würzzutat eine große Rolle.

 Grüne Sauce

Zutaten für 2 Personen

1 reife Tomate · 1 Schalotte · 1 Knoblauchzehe · 1 TL Kapern
1 Cornichon · 1 hart gekochtes Eigelb · fein gehackte Kräu-
ter, z.B. Basilikum, Petersilie, Minze und Schnittlauch · Zitro-
nensaft · Olivenöl · jodiertes Salz, Pfeffer aus der Mühle

**Kräuter, Ge-
würze, Nüsse
und Olivenöl
bilden in
Italien die
Basis für viele
kalte Saucen.**

1 Die Tomate häuten, entkernen, in feine Würfel schneiden.
2 Schalotte und Knoblauch schälen, fein hacken. Kapern, Cornichon und Eigelb ebenfalls fein hacken.
3 Die Zutaten mit den Kräutern und etwas Zitronensaft vermischen.

Dann nach und nach so viel Öl unterrühren, bis die Sauce eine dicke Konsistenz hat.
4 Die grüne Sauce zuletzt mit Salz und Pfeffer würzen und abschmecken.
Passt zu: gekochtem Fleisch und bissfest gegartem Gemüse sowie zu kaltem Braten.

Petersiliensauce

Zutaten für 2 Personen

1 Schalotte · 1 Knoblauchzehe · 1 Bund glatte Petersilie
jodiertes Salz, Pfeffer aus der Mühle · Cayennepfeffer
2 EL Weißweinessig · 4 EL Olivenöl

**Petersilien-
sauce passt zu:
gekochtem
Fleisch, auf-
geschnittenen
Tomaten und
Paprikastreifen.**

1 Schalotte und Knoblauch schälen, fein hacken. Die Petersilie ebenfalls fein hacken.
2 Je 1 Prise Salz und Cayennepfeffer sowie etwas

Pfeffer unter den Essig rühren. Nach und nach Öl unterrühren.
3 Die fein gehackten Zutaten hinzufügen und unterrühren. Abschmecken.

e Basilikumsauce

Zutaten für 2 Personen
1 großes Bund Basilikum • 2 Knoblauchzehen • 1 Sardellen-filet • 1 EL Pinienkerne • Olivenöl • jodiertes Salz

1 Das Basilikum waschen, trockenschütteln, die Blätter von den Stängeln zupfen und mit den Fingern zerkleinern.
2 Den Knoblauch schälen. Zusammen mit dem Sardellenfilet fein hacken.
3 Das Basilikum mit den vorbereiteten Zutaten und den Pinienkernen im Mörser gründlich zerstoßen.
4 Nach und nach so viel Olivenöl hinzufügen, dass eine geschmeidige Paste entsteht. Zuletzt mit Salz abschmecken.
Passt zu: gekochtem Fisch und Pasta. Für diese Sauce möglichst Freilandbasilikum verwenden.

Diese Basilikumsauce erinnert an das berühmte ligurische Pesto. Sie wird jedoch ohne Käse zubereitet, da man sie zu Fisch serviert.

e Kapernsauce mit Sardellenfilets

Zutaten für 2 Personen
1–2 Knoblauchzehen • 50 g Kapern • 3 Sardellenfilets Olivenöl • Zitronensaft

1 Den Knoblauch schälen und fein hacken. Kapern und Sardellenfilets ebenfalls fein hacken. Alles zusammen mit dem Mixstab pürieren.
2 Nach und nach das Öl unterrühren, bis die Sauce eine geschmeidige Konsistenz hat. Mit Zitronensaft nach Belieben abschmecken.
Passt zu: hart gekochten Eiern, gedünstetem Fisch und zu bissfest gegarter Pasta.

**Tipp
Anstelle von Sardellenfilets können Sie auch etwas Sardellenpaste verwenden.**

Desserts

Krönender Abschluss eines feinen Essens ist auch in Italien ein Dessert, ein dolce. Häufig werden Früchte mit Zitronensaft mariniert oder mit Wein übergossen. Gerne reicht man auch Parmesan oder Gorgonzola zu frischen Feigen, frischen Trauben oder Birnen.

Alle folgenden Desserts sind neutral  *.*

Birnen in Rotwein

Zutaten für 2 Personen
2 Birnen · 2 Gewürznelken · Zimt · 1/8 l trockener Rotwein

1 Die Birnen schälen, halbieren und entkernen. In 2 Auflaufförmchen setzen. Je 1 Gewürznelke hinzufügen und etwas Zimt darüber streuen.

2 Den Rotwein zugießen und die Birnen im auf 160 °C vorgeheizten Backofen ca. 20 Minuten pochieren. Heiß oder kalt servieren.

Raffiniert schmecken die Birnen auch in Weißwein gegart. Dann jedoch sollten Sie sie kalt servieren und statt Zimt Minzeblätter verwenden.

Orangen-Grapefruit-Carpaccio

Zutaten für 4 Personen
2 Orangen · 1 Grapefruit · Minzeblättchen · Orangenlikör

1 Orangen und Grapefruit schälen, die weiße Haut entfernen. Früchte in Scheiben schneiden.

2 Die Scheiben abwechselnd mit der Minze auf einer Platte anrichten. Mit Orangenlikör beträufeln.

 Fruchtsalat

Die Früchte können Sie je nach Jahreszeit beliebig variieren und mit etwas Rohrzucker bestreuen. Dies entspricht dann jedoch nicht mehr den Trennkostregeln.

Zutaten für 2 Personen

1/2 Ogenmelone • 1 reifer Pfirsich • 2 Aprikosen • Weintrauben • 1 Feige • Saft von 1/2 Zitrone • Saft von 1 Orange Minzeblättchen

1 Die Früchte waschen. Die Melone schälen und in Spalten schneiden. Pfirsich und Aprikosen entsteinen und in Spalten schneiden. Die Trauben halbieren und entkernen, die Feige vierteln.

2 Die Früchte in einer flachen Schale anrichten. Mit dem Orangen- und Zitronensaft beträufeln. Zur Garnitur Minzeblättchen darüber streuen. Zugedeckt 30 Minuten kalt stellen.

Feigen mit Orangensaft

**Variante
Zur Abwechslung die Feigen in frisch ausgepresstem Pink-Grapefruit-Saft marinieren.**

Zutaten für 2 Personen

4 frische Feigen • Saft von 2 Orangen • 1 Kiwi

1 Die Feigen waschen, vierteln und auf 2 Tellern verteilen. Mit dem frisch gepressten Saft von je 1 Orange beträufeln. Zu-

gedeckt 1 Stunde kalt stellen.

2 Die Kiwi schälen und in Scheiben schneiden. Die Teller damit garnieren.

Pfirsiche in Weißwein

Zutaten für 2 Personen

2 große, reife weiße Pfirsiche • 2 Gläser trockener Weißwein

1 Die Pfirsiche schälen und das Fruchtfleisch vom Stein lösen. In feine Würfel schneiden. In 2 Cocktailschalen verteilen.

2 Die Pfirsichwürfel mit dem Wein aufgießen und einige Minuten ziehen lassen. Gut gekühlt servieren

 # Mascarponecreme

Zutaten für 2 Personen
150 g Mascarpone, 55 % Fett i. Tr. • 1 Eigelb • Zitronensaft
Kakaopulver

1 Mascarpone mit Eigelb verrühren und mit Zitronensaft abschmecken.

2 In Schälchen füllen und mit Kakaopulver bestäubt servieren.

Minze- oder Zitronenmelisseblättchen passen als Garnitur zu allen hier beschriebenen Desserts.

Eine kleine Kaloriensünde in Ehren: Bei einer frischen Mascarponecreme kann wohl niemand Nein sagen.

Impressum
© 1998 Südwest Verlag
GmbH in der Verlags-
haus Goethestraße
GmbH & Co. KG,
München
2. Auflage 1998

Redaktion:
Gabriele Otto,
Anja Feise
Projektleitung:
Dr. Alex Klubertanz
Redaktionsleitung
und medizinische
Fachberatung:
Dr. med. Christiane Lentz
Bildredaktion:
Ute Schoenenburg
Produktion:
Manfred Metzger
Umschlag:
Manuela Hutschenreiter,
München
Layout:
Wolfgang Lehner
DTP:
Hubertus von Baer

Printed in Italy
Gedruckt auf chlor-
und säurearmem Papier

ISBN 3-517-08011-X

Über die Autorin

Heike Knophius studierte Haushalts- und Ernährungs-
wissenschaften in Gießen. Anschließend war sie lange
Zeit als Ressortleiterin für Ernährung bei mehreren
großen Frauenzeitschriften tätig. Heute schreibt sie
als selbstständige Fachjournalistin über moderne
Ernährung.

Literatur

Henschel, Heike: Rundum schlank durch Trennkost.
Südwest Verlag. München 1995
Heßmann-Kosaris, Anita: Wohl fühlen bei jedem
Wetter. Südwest Verlag. München 1994
Knophius, Heike: Die Jahreszeiten-Trennkost nach
Dr. Hay. Südwest Verlag. 2. Auflage, München 1997
Menden, Erich: Wie funktioniert das? Die Ernährung.
Meyers Lexikonverlag. Mannheim 1990
Walb, Ludwig u. a.: Original Haysche Trennkost.
Karl F. Haug Verlag. Heidelberg 1994

Hinweis

Das vorliegende Buch ist sorgfältig erarbeitet worden.
Dennoch erfolgen alle Angaben ohne Gewähr. Weder
Autorin noch Verlag können für eventuelle Nachteile
oder Schäden, die aus den im Buch gemachten prak-
tischen Hinweisen resultieren, eine Haftung über-
nehmen.

Bildnachweis

Albrecht Dirk, Meinerzhagen: Titel, 12, 20, 26, 52, 63,
82, 92, 96; Südwest Verlag, München: 1, 30, 36, 56, 70,
102, 106, 109 (Kargl/U. S.), 11 (Heino Banderob), 46
(Karl Newedel); Tony Stone, München: 4 (Matthew
McVay)

Rezepteregister